태극민턴의 이론과 실제

박 기 범 지음

예감출판사

머리말

　태극민턴(太極민턴; Taegeuk-minton)은 배드민턴을 기반으로 한 운동으로서 기존의 한 손 라켓의 단점을 보완하기 위해 만들어진 운동이다.

　태극민턴은 한국에서 개발자인 박기범에 의해서 만들어진 뉴스포츠이자 전통생활체육이다. 개발자인 박기범은 평소에 대부분의 뉴스포츠나 생활체육이 외국에서 도입된 것이라는 데서, 한국의 생활밀착형 체육을 만들어야겠다는 일념으로 한국의 전통체육으로서 태극민턴을 만들기로 결심하였다.

　태극민턴은 태극운동의 원리와 태권도의 응용동작, 배드민턴을 기반으로 라켓운동의 장점은 살리고, 단점을 보완하여 재미적인 요소와 운동 효과를 현대적으로 변형하여 만들었다.

　태극민턴은 처음에는 개인의 건강개선을 위한 취미 활동으로 시작하여, 점차 태극민턴에 대한 운동효과에 관심을 갖는 인구가 증가함에 따라 본격적으로 단체를 구성해 활동을 시작하였다.

　앞으로 태극민턴 협회는 전국 아동·청소년, 대학생, 여성, 성인, 노인, 외국인들을 대상으로 태극민턴을 보급하고, 저변 확대를 한 후에는 태극민턴 대회를 전국적으로 개최하고, 전 세계에 보급하고자 하는 것을 목표로 하고 있다.

지은이 박 기 범

목 차

제1장 태극민턴의 정의

태극민턴(太極민턴; Taegeuk-minton)은 태극운동의 원리와 태권도의
응용동작, 배드민턴을 기반으로 한 운동으로서 기존의 한 손 라켓의
단점을 보완하기 위해 만들어진 운동이다.

1. 태극민턴의 도입 배경

대한민국 문화체육관광부는 Korea Sports Vision 2018 행사를 통해 2013년 37조원인 스포츠 시장규모를 2017년까지 53조원으로 확대시킬 것이며, 이 과정에 4만개의 스포츠 관련 신규 일자리를 창출 할 계획이라고 발표하였다(국제스포츠조감발표, 2013년).

'2013년 중국스포츠용품산업발전백서'에 따르면 2013년 중국 스포츠용품 산업의 부가가치는 2087억 위안(약 34조3000억 원)으로 전년 대비 7.8% 증가하였고, 중국 GDP에서 스포츠용품 산업이 차지하는 비중은 0.367%이다. 중국 투자자문망과 국무원반공청이 발표한 '스포츠산업 발전을 위한 지도의견'(이하 '지도의견')에 따르면 중국 정부는 향후 스포츠 관련 산업의 시장 규모가 2억 위안(약 330조 원)에 달할 것으로 보고 있다.

배드민턴, 탁구, 축구, 농구, 테니스, 골프 등 중국인의 인지도 및 참여도가 높고 소비 비중이 높은 스포츠산업에 직접투자 할 계획이며 스포츠와 관광·레저 등의 산업 간 융합사업도 추진할 방침이라고 밝혔다.

우리나라 역시 라켓시장의 규모가 1년에 1조원(골프라켓: 8000억, 기타라켓: 2000억 원)에 육박한다고 한다. 외국의 전문스포츠 브랜드회사에 한국스포츠시장이 잠식당하고 있는 실정으로 스포츠의류와 기타 스포츠장비를 포함하면 더욱 천문학적인 규모이다.

이에 대한민국 국민의 의식개선과 진정한 국민생활스포츠의 필요성이 제기되는 상황에서 태극민턴의 종주국으로서 대한민국 국민이라면 남녀노소 누구나 손쉽게 즐길 수 있는 뉴스포츠인 태극민턴이 적격이라는 생각이다.

태극민턴은 국가스포츠로서 자라나는 아이들의 신체균형발달에서부터 노년층의 건강과 즐거움을 줄 수 있는 뉴스포츠이다.

해외청년지도자 양성으로 실업 해소는 물론 태권도와 같이 대한민국의 대표 브랜드의 구기스포츠로서 외화소득과 외국에 있는 한국인들에게 자긍심을 심어주는데 도움이 될 것으로 생각된다.

더구나 국민들의 생활밀착형스포츠로서 자리매김한다면 건강증진으로 인한 국가건강보험의 재정적자해소에도 도움이 될 것으로 판단되며 국가지원의 한류사업으로서 제2의 태권도와 마찬가지로 국가적 차원에서의 지원만 따른다면 태극민턴은 더욱 발전하리라 예상가능하다.

2. 태극민턴의 개념과 탄생

태극민턴(太極민턴; Taegeuk-minton)은 배드민턴을 기반으로 한 운동으로서 기존의 한 손 라켓의 단점을 보완하기 위해 만들어진 운동이다.

전 세계 수많은 라켓스포츠가 진화하고 발전하고는 있지만 여전히 수백 년 전의 운동을 지금까지 즐기는 데 대한 대책이 마련되어 있지 않은 가운데 신종 스포츠로서 균형있는 건강을 생각하면서 고안된 운동이다.

더구나 전 세계 라켓스포츠시장의 대부분이 서양으로부터 전해지면서 올림픽이라는 스포츠축제를 통해 널리 확산된 라켓스포츠로는 다양한 종목들이 있다. 대표적으로 골프. 탁구, 배드민턴, 테니스, 하키(아이스, 필드) 등이 있는데 공통적으로 한 손이나 한쪽만을 강화하는 운동이라는 것이다.

스포츠도 과학적으로 즐기는 시대에 살고 있지만 현실적으로 경기방식이 규정되어 있는 기존의 경기들은 그 경기방식을 변경한다는 것 자체가 커다란 모험이고 현실성이 없다.

너무나 오랫동안 익숙하게 받아들여져 온 그 전통을 하루아침에 바꾸기란 쉽지 않다. 기존의 라켓스포츠 단체나 협회들의 역사와 전통을 무시하는 처사이고 스포츠산업에 커다란 혼란만을 가져올 뿐이기 때문이다.

이러한 과정 속에서 양손 라켓 운동의 최초의 시도는 'Hot Tennis'(현, Korea Bird)로 2004년도 작고하신 정광철씨가 1968년 테니스, 탁구, 배드민턴을 혼합하여 개발하였다는 기록이 남아있다.

태극민턴은 동양의 태극운동의 원리와 태권도의 응용동작, 서양의 배드민턴을 새로운 스타일의 뉴스포츠로 혼합해 스포츠적인 요소와 생활건강의 요소를 병합한 신종 스포츠이다.

태극민턴은 동·서양의 조화와 상생을 위해 만들어진 뉴스포츠로서 세계적인 대한민국의 대표 뉴스포츠로 자리매김할 것을 확신한다.

태극민턴은 양손형배드민턴의 필요성에 공감하는 스포츠인들을 중심으로 2018년 1월에 대한 태극민턴 협회 창립준비위원회를 통하여 본격적으로 활동을 시작하였다.

앞으로 태극민턴 협회는 전국의 아동, 청소년, 대학생, 여성, 노인, 외국인, 직장인들을 대상으로 태극민턴을 보급하고, 저변 확대를 한 이후에는 태극민턴 협회를 통해 대회를 전국적으로 개최하고, 전 세계에 보급하고자 하는 것을 목표로 하고 있다.

3. 태극민턴의 원리

태극민턴은 서양의 배드민턴의 장점과 단점을 분석하여 장점은 살리고, 단점을 보완하였으며, 태극의 운동 원리와 태권도의 응용동작을 통해 균형적인 신체활동 요소와 운동 효과를 높이기 위해 현대적으로 변형하여 만들었다. 태극민턴의 원리를 보면 다음과 같다.

❶ 태극민턴은 한국의 서양의 배드민턴에서 경기 규칙을 가져왔으며, 동양의 태극운동의 원리와 태권도의 응용동작 요소를 더해 만들었다.

❷ 태극민턴은 누구나 특별한 훈련이 없이도 참여할 수 있도록 만들었다.

❸ 태극민턴은 운동적 요소가 강하지만 태극민턴은 운동적인 요소와 재미적인 요소를 가미하여 재미있게 운동할 수 있도록 만들었다.

❹ 태극민턴은 양손으로 하도록 경기규칙을 만들었다.

❺ 태극민턴은 남녀노소 누구나 실내·외에서도 할 수 있도록 만들었다.

❻ 태극민턴은 개인경기는 물론 단체 경기가 가능하도록 만들었다.

❼ 태극민턴의 용구와 경기 방법은 안전을 우선으로 고려하여 만들었다.

❽ 태극민턴은 한국 생활체육이 활성화되는데 기여하도록 만들었다.

❾ 태극민턴은 노인들의 치매를 예방하는데 효과적인 운동으로 만들었다.

❿ 태극민턴은 아동·청소년의 균형된 신체발달을 위해 만들었다.

4. 태극민턴의 필요성 및 목적

대한민국 뉴스포츠인 태극민턴은 새로운 스포츠과학시대에 걸 맞는 운동으로 기존의 한 손 라켓운동의 단점을 보완하고 신체의 균형발달을 도모하며 다양한 경기방식으로 즐거움을 만끽할 수 있는 신개념 뉴스포츠이다.

더구나 정부의 국민건강증진의 목표에 맞추어 생활체육이 활성화되고 생활체육의 필요성이 대두되는 시점에서 다른 라켓운동종목에 비해 스포츠상해가 적고 남녀노소 전문교육을 많이 필요로 하지 않는 생활스포츠이다.

또한 대한민국에서 태권도가 종주국으로서 국위를 선양을 했듯이 태극민턴이 제2의 대한민국 뉴스포츠로서 전 세계 라켓스포츠시장에 새로운 경제수익모델을 창출 할 수 있음은 물론 스포츠로서 청년실업의 문제를 해결하는데 중추적 역할을 할 것으로 기대한다.

이에 외국의 라켓스포츠로 잠식되어 있는 한국스포츠 시장에 국내 순수 라켓스포츠인 태극민턴이 새로운 역량을 만들어 낸다면 외화낭비를 줄이고 국가적 차원의 국민건강증진과 신규 창조경제의 역할로서 한류의 또 다른 역할을 할 것으로 전망한다.

5. 태극민턴의 운동 원리

태극이라 하면 대개 날개가 둘인 이태극을 떠올리기 십상이지만 성리학이 자리 잡은 송나라 이전까지의 고대 동양에서는 삼태극이 대세를 이루었다. 삼태극은 천·지·인 삼재가 하나로 혼합된 상태를 나타낸 문양으로, 우주 구성의 대표적 요소인 하늘과 땅에 인간을 참여시킨 의미가 있다. 삼재의 한 요소로서 인간을 태극에 포함시킨 것은 인간이 천지의 합체이고 소우주라는 인식을 바탕으로 하고 있다.

[그림 1-1] 삼태극 도형

삼파문이라고도 한다. 세 날개는 천·지·인 삼재를 상징한다.

태극 도형 중에 음양어태극 도형이 있다. 각 날개 안에 점을 찍어 놓은 모양인데, 물고기 두 마리가 서로 맞물고 돌아가는 모습과 비슷하다 해서 그런 이름이 붙었다.

음양어태극은 음과 양이 상대를 근원으로 하는 원리를 나타낸 것으로, 양의 속의 점은 양에서 음이 발생하는 모습이고, 음의 속의 점은 음에서 양이 발생하는 모습이다.

"인체는 소우주다." 라는 관점에서 만물생성의 태극원리에서 출발한다.

[퇴계(退溪)이황(1501-1570)선생의 성학십도(聖學十圖)]에 우주생성의 총 원리를 태극(太極)이라 하였다.

"태극은 무극(無極)이면서 태극이다. 태극은 무극이면서 가장 큰 극(極)이며 시간적 공간적 의미에서 실(實)도 아니고 허(虛)도 아닌 종국적인 극이고, 무(無)이면서 유(有)인 극이다.

태극이 동(動)하면 양(陽)이 생기고, 동이 극에 도달하면 정(靜)이 오고, 정은 음(陰)이 된다. 동과 정은 그 뿌리가 같지만 음과 양으로 갈라져 양의(兩儀)로 서로 맞서게 된다. 음과 양은 서로 꼬리를 깊숙이 파고들어 태극과 팔괘(八卦)을 만들고 우주의 기본원리인 5가지 소인(素因)을 만드는데, 양이 변하고 음이 합하여 목(木), 화(火), 토(土), 금(金), 수(水) 오기(五氣)를 생성하니, 오기는 순차로 넓어져 사시(四時)로 돌아가니 오행(五行)이 되었다. 오행은 상생(相生), 상극(相尅), 상승(相乘), 상모(相侮)의 묘합(妙合)으로 만물을 생성하여 변화시키니, 만물은 생생(生生)하여 무궁무진(無窮無盡) 변화하여 천지창조가 이루어진다."

"오행은 하나의 음양이요, 음양은 하나의 태극이요, 본래 태극은 무극이다. 하늘(天)은 양(陽)이요 건(乾)이고 적색(赤色)이며, 땅(地)은 음(陰)이요 곤(坤)이고 청색(靑色)이다. 건과 곤의 합일이 사람을 화생 시킨다." 라고 하였다.

6. 태극민턴과 뉴스포츠와의 비교

태극민턴은 다른 뉴스포츠에 비하여 안전성이 높아 안전사고가 일어나기 어려우며, 남녀노소 다수가 동시에 참여가 가능하다. 또한 뉴스포츠는 대부분 외국에서 도입되었지만 태극민턴은 태극원리와 태권도의 응용동작, 배드민턴을 기본으로 새롭게 만들었기 때문에 한국의 전통체육으로서도 가치가 있다. 태극민턴을 다른 뉴스포츠와 비교해 보면 다음과 같은 특징이 있다.

<표 1-1> 태극민턴과 뉴스포츠와의 비교

종목	평가 근거
태극민턴	• 양손을 사용함 • 운동적 요소와 재미적인 요소를 가미 • 규칙이 쉽고, 남녀노소 동시 참여 가능
다트	• 다트 핀으로 인한 안전사고 발생 위험 • 경기 규칙, 점수 산출 방법이 어려움 • 외국에서 도입
게이트볼	• 노인용 스포츠, 젊은 세대에 비인기 • 동시에 다수가 참가하기 어려움 • 외국에서 도입
티볼	• 야구에 비해 단순한 경기규칙 • 운동량이 많아 노인과 장애인의 참여가 어려움 • 외국에서 도입
스쿼시	• 민첩성이 요구되며, 운동이 결렬함 • 전용 경기장에서만 할 수 있음 • 외국에서 도입
세팍타크로	• 난이도 높아 모든 숙련이 필요함 • 격렬한 운동으로 남녀노소, 장애인 모두 참여 어려움 • 외국에서 도입
플라잉 디스크	• 실외에서만 가능 • 비교적 간단하게 배울 수 있음 • 외국에서 도입

7. 태극민턴의 가능성

태극민턴은 다음과 같은 가능성을 가지고 있다.

❶ 한국의 전통 체육으로서 보급할 수 있다.

세계적으로 알려진 전통체육은 일본은 스모와 가라데, 영국은 펜싱, 태국은 무에타이와 세팍타크로, 중국은 우슈, 브라질은 카포에라, 영국은 럭비, 캐나다는 농구가 있다. 우리나라는 한국은 택견, 씨름, 국궁 등을 전통체육으로 하고 있다. 태극민턴은 한국에서 만들어졌기 때문에 한국의 전통체육으로 보급할 수 있다.

❷ 노인들의 사회체육으로 보급할 수 있다.

우리나라는 노인 인구의 증가로 인하여 노인들을 위한 사회체육의 보급이 절실히 필요한 때이다. 일본은 노인들의 사회체육이 30가지를 넘고 있지만, 아직 한국은 게이트볼이나 우드볼 등이 있으나 이는 외국에서 들어온 것이기 때문에 자생적인 노인들을 위한 사회체육이 필요하다. 태극민턴은 노인들의 체력이나 유연성을 바탕으로 만들었기 때문에 노인들의 사회체육으로 보급할 수 있다.

❸ 학생들의 뉴스포츠로 보급할 수 있다.

현재 한국의 뉴스포츠는 티볼, 플라잉디스크, 킨볼, 플로어볼 등이 있는데 이들은 거의 외국에서 들어 온 것이기 때문에 태극민턴은 한국의 전통체육으로서 뉴스포츠를 보급할 수 있다.

8. 대한태극민턴협회의 비전과 조직

태극민턴은 국민들 생활밀착형스포츠로서 전국적인 조직은 물론 세계보급화를 위해 대한태극민턴협회의 조직의 업무분장이 필요하다. 태극민턴은 전통놀이에서 부족한 재미와 흥미적인 요소들을 포함하여 한국의 전통체육으로 자리잡아, 세계적인 생활체육으로 보급되는 것을 목표로 하고 있다. 이를 위하여 대한태극민턴협회를 만들어 각종 사무와 운영을 한다.

1) 대한태극민턴협회의 비전
대한태극민턴협회의 비전을 보면 다음과 같다.
❶ 태극민턴을 남녀노소 누구나 즐길 수 있는 생활체육으로 보급한다.
❷ 태극민턴을 실내·외 어디서든지 할 수 있는 생활체육으로 보급한다.
❸ 태극민턴을 전 세계에 보급하여 모든 사람에게 건강하고 행복한 삶을 제공한다.

2) 대한태극민턴협회의 로고
❶ 마크의 형상은 태극의 음양의 조화와 태권도의 정신, 동·서양의 화합을 의미하고 태극민턴의 종주국이 한국이라는 것을 뜻한다.
❷ 사람 손에 라켓이 두개인 것은 태극민턴이 양손으로 하는 스포츠를 의미한다.
❸ 마크의 형상은 태극민턴의 라켓과 공을 의미한다.
❹ 태극민턴 운동을 통해 백인, 흑인, 황인의 전 세계인의 조화와 상생을 의미한다.
❺ 천지의 기를 받는다는 뜻 삼태극－천(天－파란색), 지(地－빨간색), 인(人－노란색)

 마크 로고	 태극민턴협회 마크

[그림 1-2] 대한태극턴협회의 로고

3) 대한태극민턴협회의 조직

대한태극민턴협회의 조직은 회장을 중심으로 부회장단과 사무국을 두고, 운영
이사회와 교육연수원, 각 지부와 전문분과위원회를 두고 예하에 사무국이 있다.

❶ 운영이사회

대한태극민턴협회의 발전을 위하여 협회의 사무를 처리하며, 태극민턴 협회
를 대표하여 협회의 발전에 기여하고, 협회의 행사에 참여하고, 협회의 사무를
집행한다.

❷ 교육연수원

교육연수원의 정책을 개발하고, 회원과 심판의 전문성을 교육하기 위하여 교
육과 연수를 담당한다.

❸ 지부

전국과 해외에 지부를 두고, 회원 모집과 관리, 용품의 공급, 프로그램의 공
급, 경기 개최, 지도자 양성을 한다.

❹ 전문분과위원회

아동, 청소년, 대학생, 여성, 노인, 직장인, 장애인, 다문화 분과로 나누며,
협회와 프로그램의 발전을 위하여 지속적인 프로그램을 개발한다.

❺ 사무국

사무국은 대한태극민턴협회의 운영에 필요한 행정업무와 회장단을 지원하는
역할을 한다. 사무국에는 사무총장을 두고, 사무국에는 협회에 대한 전반적인 홍

보기획을 하는 분과, 경기 운영을 담당하는 분과, 조직관리를 하는 분과를 둔다.

<표 1-2> 태극민턴 협회의 조직

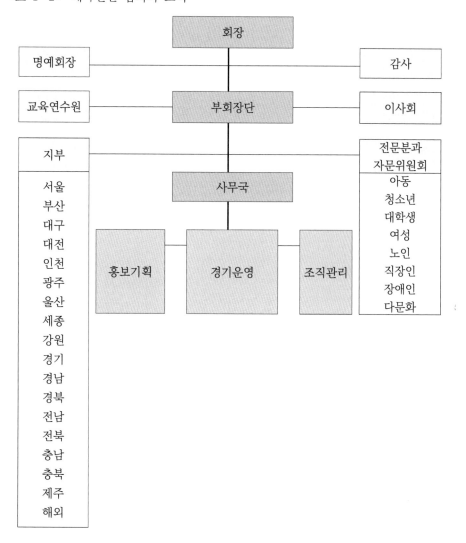

제2장 태극민턴의 효과

태극민턴(韓投)을 하게 되면 건강과 수명연장의 효과는 물론
신체활동과 인지적, 정서적, 사회적 기능의 심신이 향상된다.

1. 태극민턴의 건강 효과

태극민턴을 하게 되면 다음과 같은 건강 효과가 생긴다.

1) 유산소 운동 효과

유산소 운동이란 운동을 하면서 숨이 차지 않으며 큰 힘을 들이지 않고도 할 수 있는 운동을 말한다. 양손으로 라켓을 쥐고 공을 치면서 유산소 운동을 하게 되어 건강을 높이는 효과가 있다. 유산소 운동은 몸 안에 최대한 많은 양의 산소를 공급시킴으로써 심장과 폐의 기능을 향상시키고, 특히 혈관조직을 강하게 만드는 혈관성 치매 예방에 도움이 된다.

2) 치매예방 효과

치매란 대뇌가 손상을 입어 인지기능의 저하와 언어능력의 저하, 신체적 기능이 지속적이고 전반적으로 손상되는 질환을 말한다. 치매는 자신에게도 가혹한 질병이지만 가족에게 육체적·경제적·정신적 고통을 준다. 태극민턴을 하게 되면 뇌를 자극하여 인지기능을 높이고, 유산소 운동의 효과가 있기 때문에 치매예방에 도움이 된다.

3) 유연성 증가

유연성이란 몸의 균형을 잡거나 바른 자세를 취할 때뿐만 아니라 운동을 수행하는 데 크게 작용하는 체력요소를 말한다. 유연성은 몸을 비틀고, 굽히고, 돌리고, 숙이는데 근육을 부드럽고 효율적으로 움직이는데 필수적이다. 태극민턴을 하게 되면 몸을 굽히거나 비틀고 숙이는 일을 반복적으로 하기 때문에 유연성이 증가하게 된다. 유연성이 생기면 근육에 탄력이 생기며, 관절의 가동범위가 확대되어 할 수 있는 운동이 많아지게 된다.

4) 근력 향상

근력이란 근육이 한 번에 최대로 낼 수 있는 힘을 말한다. 힘을 기른다는 것은 근력을 향상시킨다는 것을 의미한다. 근력은 일상생활에서 전반적인 신체활동을 자유롭게 할 수 있게 해주고, 각종 질병에 대한 저항력을 키워주어, 건강하고 활기찬 생활을 할 수 있게 해준다. 태극민턴을 하게 되면 양손으로 공을 치면서 움직여야 하기 때문에 대근육과 소근육이 발달하게 되며 근력이 향상된다.

5) 지구력 향상

지구력이란 운동을 지속하는 능력을 말한다. 태극민턴을 하게 되면 양손의 근육을 사용하여 반복해서 공을 쳐야 하기에, 지구력이 향상된다.

6) 협응력 향상

협응력이란 근육·신경기관·운동기관 등의 움직임의 상호조정 능력을 의미한다. 즉 눈으로 보고 머리·어깨·입·팔·손가락 등을 연결하여 움직이는 신체적 조절능력을 말한다. 태극민턴을 하게 되면 눈으로 라켓을 보고 머리·어깨·팔·손가락 등을 사용하여 공을 치기 때문에 협응력이 향상된다.

7) 신체의 균형감각 발달

태극민턴을 하게 되면 각 근육과 신경을 골고루 사용하기 때문에 신체의 균형감각이 발달하게 된다.

8) 오십견 예방

오십견은 노화에 따른 어깨관절 주위 연부조직의 퇴행성 변화 때문에 발생한다. 태극민턴의 공을 치는 동작을 통해 어깨 관절의 지속적인 움직임은 오십견의 예방 및 치료에 효과적이다.

2. 태극민턴의 인지기능 효과

인지기능이란 지식과 정보를 효율적으로 조작하는 능력을 말한다. 노화 과정에서 초래되는 가장 심각한 문제는 인지기능의 감소다. 인지(cognition)란 뇌에서 정보를 받아들이고 생각하고 목적에 맞게 행동하는 통합적인 기능을 이르는 말이다.

노인의 인지기능은 연령의 증가에 따라 뇌기능과 기억력이 점진적으로 감소되어 60대에는 25%가 가벼운 정도의 인지장애를 보이다가 70대에는 현저하게 저하되기 시작하여 80대 이상에서는 약 54.6%가 중증의 인지장애를 보인다. 인지기능에는 지남력, 집중력, 지각력, 기억력, 판단력, 언어력, 시공간력, 계산능력 등이 있는데 태극민턴을 하게 되면 인지기능을 향상시키는 효과가 있다.

1) 지남력 향상

지남력은 사람, 장소, 시간을 파악하는 개인의 지각능력을 말한다. 태극민턴을 하게 되면 사람을 자주 만나야 하며, 장소와 시간을 지켜야 하기 때문에 지남력이 높아지게 된다.

2) 집중력 향상

집중력이란 마음이나 주의를 한곳에 모으는 힘을 말한다. 집중력은 기본적인 일상생활뿐만 아니라 정신을 맑게 하는데 꼭 필요한 능력이다. 태극민턴을 하게 되면 라켓에 공을 정확한 지점에 치기 위해서 집중력이 높아져 매사에 활력이 높아지게 된다.

3) 지각력 향상

지각력이란 외부의 자극을 정확하게 인지하는 능력을 말한다. 태극민턴을 하게 되면 공을 잘 맞추기 위해 위치에 대한 지각을 정확하게 인식하게 된다.

4) 기억력 향상

기억력이란 일상에서 얻어지는 인상을 머릿속에 저장하였다가 다시 떠올리는 능력을 말한다. 태극민턴을 하게 되면 점수를 매기기 위해서는 자신이 득한 점수를 기억해야 하고, 시합을 하게 되면 경기 룰과 규칙에 대한 것을 기억하거나 경기에 대한 작전과 전술도 기억해야 한다.

5) 판단력 향상

판단력은 사물을 올바르게 인식·평가하는 사고의 능력을 말한다. 태극민턴을 하게 되면 공을 어떻게 치고 상대의 공을 어떻게 받아야 하는지에 대한 판단력이 생기게 된다.

6) 언어력 향상

언어력은 자신의 생각이나 감정을 표현하고, 다른 사람의 말을 이해하여 의사를 소통하기 위한 소리나 문자 따위를 사용하는 능력 말한다. 태극민턴을 하게 되면 심판, 감독이나 코치로서의 지도자로서 타인을 이해시키고 교육적 효과를 위해 언어력이 향상된다.

7) 시·공간력 향상

시·공간력은 사물의 크기, 공간적 성격을 인지하는 능력을 말한다. 태극민턴을 하게 되면 라켓에 공을 정확하게 치기 위해서는 시·공간을 인지해야 하고 경기장 안에 공을 넣어야 하기에 시·공간력이 향상된다.

8) 계산능력 향상

계산능력은 물건 또는 값의 크기를 비교하거나 주어진 수의 연산의 법칙에 따라 처리하여 수치를 구하는 능력을 말한다. 태극민턴을 하게 되면 자신의 점수를 계산해야 하거나 경기진행상 전략과 전술 때문에 계산능력이 향상된다.

<표 2-1> 인지기능

구 분	내 용
지남력	사람, 장소, 시간을 파악하는 개인의 지각능력
집중력	어떤 일을 할 때 상관없는 주변 소음이나 자극에 방해받지 않고 몰두하는 능력
지각력	외부의 자극을 정확하게 인지하는 능력
기억력	일상에서 얻어지는 인상을 머릿속에 저장하였다가 다시 떠올리는 능력
판단력	사물을 올바르게 인식·평가하는 사고의 능력
언어력	자신의 생각이나 감정을 표현하고, 다른 사람의 말을 이해하여 의사를 소통하기 위한 소리나 문자 따위를 사용하는 능력
시공간력	사물의 크기, 공간적 성격을 인지하는 능력
계산능력	물건 또는 값의 크기를 비교하거나 주어진 수의 연산의 법칙에 따라 처리하여 수치를 구하는 능력

3. 태극민턴의 정서적 효과

태극민턴을 하게 되면 다음과 같은 정서적 효과가 생긴다.

1) 사회성 향상

사회성은 사회생활을 하려고 하는 인간의 근본 성질을 말한다. 태극민턴 경기를 하게 되면 나이, 성별, 장애여부에 관계없이 누구나 참여하기 때문에 인간관계가 증가하여 사회성이 향상된다.

2) 준법성 향상

준법성이란 법률이나 규칙을 잘 지키는 성질을 말한다. 태극민턴은 경기 규칙에 의거하여 진행되기 때문에 태극민턴 경기에 참가하기 위해서는 경기 규칙을 따라야 한다. 규칙을 따르지 않게 되면 실격되거나 경기에서 지기 때문에 준법정신이 높아지게 된다.

3) 도덕성 향상

도덕성은 선악의 견지에서 본 인격, 판단, 행위 따위에 관한 가치를 말한다. 태극민턴 경기를 하게 되면 판정이 객관적이고 공정하게 이루어지며, 과도한 경쟁심을 억제하고 상대방에 대한 배려를 해야 한다. 또한 경기에 참가해서는 경기 예절을 지켜야 하므로 예절을 함양할 수 있다.

4) 자존감 향상

자존감이란 자신을 사랑하고 가치 있게 느끼며 자기 자신에 대하여 유능하고 능력 있는 존재로 여기는 생각을 말한다. 태극민턴 경기를 하게 되면 개인의 부정적 정서를 긍정적으로 변화시키며, 자신의 내면을 이해하고, 자신의 능력을 깨닫게 되어 자존감이 향상된다.

5) 인성 향상

인성은 자신만의 생활스타일로서 다른 사람들과 구분되는 지속적이고 일관된 독특한 심리 및 행동 양식을 말한다. 인성은 사람 됨됨이가 일정한 가치 기준에 도달했을 때를 의미한다. 태극민턴 경기를 하게 되면 타인을 공감하는 능력이 향상되어 결과적으로 상대방을 배려하면서 사회성 발달이 이루어진다.

4. 태극민턴의 교육적 효과

❶ 태극민턴은 경기 규칙에 따라 팀이 협동심을 바탕으로 경기해야 한다. 따라서 태극민턴 경기를 하게 되면 개인과 팀이 융화하는 사회성과 협동심을 몸으로 익히게 된다.

❷ 태극민턴 경기를 하게 되면 개인주의, 이기주의 등의 인성교육이 부족한 현실에서 태극민턴은 상대방을 배려하는 마음과 이해심을 가지게 된다.

❸ 태극민턴은 다양한 전술을 통한 팀의 일체감 형성과 개인의 능력을 배양시켜 자신감을 갖게 하는 경기이다. 따라서 태극민턴 경기를 하게 되면 자신의 힘으로 일을 처리하는 자립심과 의지력, 그리고 자신감을 배울 수 있다.

❹ 태극민턴은 라켓에 공을 넣기 위해 창의적인 방법을 강구해야 한다. 따라서 태극민턴 경기를 하게 되면 점수를 많이 얻는 방법을 생각하면서 합리적이고 창조적인 사람으로 거듭날 수 있다.

❺ 태극민턴은 운동의 기능을 가지고 있어 태극민턴 경기를 하기 위하여 참여하게 되면 심신을 강하게 만드는 효과가 있다.

❻ 태극민턴은 학교체육수업에 소외되어 왔던 체력이 약한 학생이나 여학생에게 적극적으로 수업에 참여 할 수 있는 기회를 제공하여 '즐거움'과 '참여' 그리고 '체험'하게 된다.

❼ 태극민턴은 도전, 즐거움, 모험 등을 실현할 수 있는 다양한 프로그램을 제공할 수 있고, 체육수업 프로그램을 다양화 할 수 있는 디딤돌이 된다.

❽ 태극민턴은 대한민국의 국민으로서 갖추어야 할 사회적 규범을 경기를 통해 준법정신과 한국인으로서의 자긍심을 고취할 수 있게 된다.

5. 태극민턴이 뇌에 미치는 효과

뇌는 모든 동물의 머리 부분에 있으며, 신경세포가 집합하여 신경작용의 가장 중심이 되는 부분이다. 사람의 뇌의 무게는 1.3~1.4kg에 지나지 않으며, 몸무게에서 뇌가 차지하는 비율은 1/50 정도 되지만, 우리 몸에서 가장 중요한 일을 수행한다.

인간의 뇌는 모든 행동을 통제하고, 신체 각 부분을 통솔할 뿐만 아니라 학습, 기억, 사고, 문제해결, 감각, 운동 등에 대한 정보처리를 담당하는 신경세포로 구성되어 있는 매우 중요한 기관이다.

뇌는 인체 기관 중에서 가장 복잡한 구조로 되어 있으며, 1,000억 개의 신경세포로 구성되어 신경세포가 밀집되어 있는 신경 덩어리라고 할 수 있다. 신경세포들은 끊임없이 정보를 교환하여 근육과 심장, 소화기관 같은 모든 기관의 기능을 조절할 뿐 아니라, 생각하고 기억하고 상상하는 등 인간의 복잡한 정신 활동을 일으킨다. 따라서 뇌는 우리 몸의 모든 기능을 관장하고, 사고하기 때문에 뇌가 조금만 손상을 입으면 그로 인해 영향을 받게 된다.

인간의 뇌는 대뇌, 사이뇌, 소뇌, 중간뇌, 다리뇌, 숨뇌로 나뉘며 그 역할을 보면 다음과 같다.

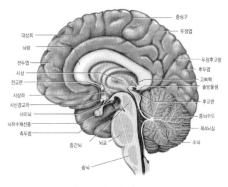

[2-1] 뇌의 구조

1) 대뇌

대뇌는 뇌 중 가장 많은 부분을 차지하며, 좌우 2개의 반구로 구성되어 있다. 표면의 대뇌피질과 내부의 백질로 구성되어 있으며, 신경세포와 신경 교세포라고 하는 세포들이 모여 있다.

대뇌에서 신경세포가 주로 신체활동과 정신활동을 담당하는데, 그 신경세포의 몸체는 주로 뇌의 겉껍질 부분에 모여 있다. 그래서 이 부분을 피질이라고 부르고 약간 회색 기운을 띄고 있어서 회백질이라고도 부른다.

대뇌가 담당하는 것은 감각 기관으로부터 들어온 감각 정보를 분석하고, 운동, 감각, 언어, 기억 및 고등정신기능뿐 아니라 생명유지에 필요한 각성, 자율신경계의 조절, 호르몬의 생성, 항상성의 유지 등의 기능을 수행한다. 따라서 대뇌는 태극민턴을 하게 되면 운동을 하기 위해서 집중하게 되고, 환경을 분석하며, 공을 치는 운동을 하게 되면서 대뇌에 영향을 미치게 된다. 더욱이 태극민턴은 양손 운동으로 좌뇌와 우뇌에 좋은 영향을 주게 된다.

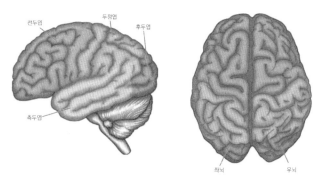

[2-2] 대뇌의 구조

태극민턴은 전두엽, 두정엽, 후두엽, 측두엽을 자극하여 인지기능을 향상시키며, 치매를 예방하게 된다.

2) 전두엽

전두엽(前頭葉)은 말 그대로 머리 앞부분이라는 뜻으로 이마엽이라고도 한다. 인간의 뇌는 모든 동물 중 전두엽의 비중이 가장 크며 대뇌피질 중에서 가장 최근에 진화된 부분이며, 다양한 고급 기능을 담당한다.

전두엽은 다른 뇌 부위들과 연결되어 주로 인간의 인지와 정서기능을 관여하고, 나머지 뇌 부위를 통제하는 기능을 수행한다. 전두엽의 신경세포들이 주로 하는 일은 기억력, 사고력 등을 주관하고 다른 감각기관으로 부터 들어오는 정보를 조정하고 행동을 조절한다.

태극민턴을 하게 되면 공을 치기 위한 최적의 자세나 방법에 대하여 사고를 하게 되고, 전에 치던 자세나 방법에 대하여 기억해야 함으로 전두엽을 자극하게 된다.

3) 두정엽

두정엽(頭頂葉)은 머리(頭)의 정수리 부분(頂)이라는 의미로 뇌 중에서 가장 상층부에 있기 때문에 마루엽이라고도 한다. 두정엽은 신체를 움직이는 기능뿐 아니라 사고 및 인식 기능 중에서도 수학이나 물리학에서 필요한 입체·공간적 사고와 인식 기능, 계산 및 연상 기능 등을 수행하며, 외부로부터 들어오는 정보를 조합하는 역할을 한다.

특히 오른쪽 두정엽은 공간을 파악하는 능력을 가지고 있으며. 공간에서 방향이나 위치를 파악하거나, 시계 바늘의 위치를 보고 시간을 파악하는 기능을 담당한다.

태극민턴을 하게 되면 방향이나 위치 파악이 중요하며, 신체를 움직이게 되고, 공을 던지는 방법에 대한 공간적 사고를 하게 되고, 횟수나 취득한 점수에 대한 계산을 해야 하기 때문에 두정엽을 자극하게 된다.

4) 측두엽

측두엽(側頭葉)은 양쪽 귀의 위쪽인 이른바 '관자놀이'라고 부르는 부위에 해당하는 영역을 말하기 때문에 관자엽이라고도 한다. 오른쪽 측두엽은 몸의 왼쪽을 통제하고, 왼쪽 측두엽은 몸의 오른쪽을 통제한다. 측두엽은 청각 정보와 후각 정보가 일차적으로 전달되는 영역이며, 기억력, 학습 능력, 언어 능력 등을 담당한다. 왼쪽 측두엽은 언어기억, 단어인식, 읽기, 언어, 감정 등을 담당하며, 오른쪽 측두엽은 음악, 안면인식, 사회질서, 물체인식 등을 담당한다.

태극민턴은 심판의 지시를 들어야 하기 때문에 청각 정보를 전달해야 하며, 공이나 타겟을 인식해야 하기 때문에 두정엽을 자극하게 된다.

5) 후두엽

후두엽(後頭葉)은 대뇌의 뒤통수 부분에 해당하는 부위에 해당하기 때문에 뒤통수엽이라고 한다. 후두엽은 대뇌에서 가장 작으며, 후두엽에서 처리된 시각정보는 두정엽과 측두엽 두 갈래의 경로로 나뉘어 전달된다.

후두엽은 주로 시각적인 내용을 파악하는 기능을 가지고 있어 눈에서 온 시각정보가 모여서 사물의 위치, 모양, 운동 상태를 분석하고 통합하는 역할을 수행한다. 우리가 사물을 보면서 주변의 물건들을 파악하는 것은 후두엽 때문이다.

태극민턴을 하기 위해서는 타겟의 위치나 모양, 자신의 던지는 운동에 대하여 분석하고 통합해야 하기 때문에 후두엽을 자극하게 된다.

제3장 태극민턴 용구와 경기규칙

1. 태극민턴의 용구

라켓		
	나무형 라켓	배드민턴형 라켓
공		
네트		
라인테잎		

1) 라켓

라켓은 나무로 만들어서 환경친화적이고 반영구적 사용이 가능하다. 공이 닿는 부분에는 구멍을 내어 통기성을 통해 라켓의 무게감을 줄이고 스포츠상해예방에 도움이 된다. 라켓 그립도 각을 만들어 사용법을 단순화 하였다.

[그림 3-1] 라켓

2) 공

공은 스펀지헤드와 나일론 재질의 깃으로 만들어져 라켓에 대한 충격을 흡수하고 반발력을 이용하여 경기를 진행할 수 있도록 만들어졌다.

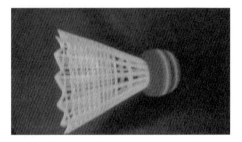

[그림 3-2] 공

3) 경기장(양손배드민턴형 기준)

❶ 일반인용 경기장은 가로 폭 3m, 세로 폭 10m이고, 10미터 경기세트 중간인 5m 지점에 150cm네트를 설치한다.

❷ 네트 중심으로 2m거리는 아웃라인이다.

❸ 초, 중등, 시니어 경기장규격은 가로 3m, 세로 3m, 네트높이는 130~140cm이다. (양손태극민턴형 기준)

* 경기규정은 융통성 있게 운영한다.

❹ 경기장 폭은 3m로 공통으로 적용한다.

❺ 네트로부터 1,5~2m의 거리는 아웃라인이다.

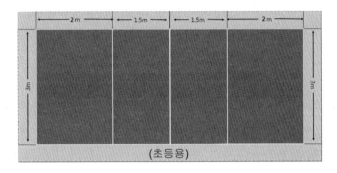

(초등용)

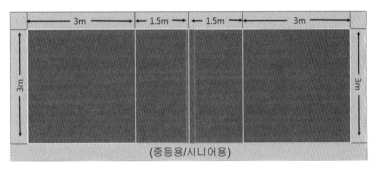

(중등용/시니어용)

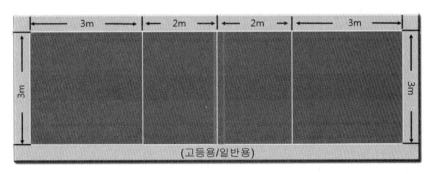

(고등용/일반용)

[그림 3-3] 경기장

4) 경기방식

| 단식경기 | 복식, 혼합복식 경기 | 3인 단체전 릴레이 경기 | 3인 단체전 태극볼 경기 |

❶ 단식

1:1 경기는 가로 3m, 세로 10m, 경기세트, 4m 지점 가운데에 150cm 네트를 놓고 오른손 서브, 왼손 서브를 번갈아가면서 공격해서 21점을 먼저 득한 선수가 승자가 되는 경기이다.

❷ 복식

2:2 경기는 가로 3m, 세로 10m, 경기세트 4m 지점 가운데에 150cm 네트를 놓고 양선수가 교대로 오른손 서브 왼손 서브를 번갈아가면서 공격해서 21점을 먼저 득한 팀이 승자가 되는 경기이다.

❸ 혼합복식

2:2 남녀 경기는 가로 3m, 세로 10m 경기세트 4m 지점 가운데에 150cm 네트를 놓고 양선수가 번갈아 오른손 서브 왼손 서브를 번갈아가면서 공격해서 21점을 먼저 득한 팀이 승자가 되는 경기이다(단, 서브는 같은 성별끼리 한다).

❹ 3인조 릴레이 경기

3:3 경기는 가로 3m, 세로 10m, 경기세트 4m 지점 가운데에 150cm 네트를 놓고 세 선수가 번갈아가면서 공격해서 21점을 먼저 득한 팀이 승자가 되는

경기로 1세트는 1번 선수만 서브, 2세트는 2번 선수만 서브, 3세트는 3번 선수만 서브를 한다.

❺ 3인조 태극볼 경기

3:3 경기는 가로 3m, 세로 10m, 경기세트 4m지점 가운데에 150cm 네트를 놓고 세 명의 선수가 오른손 서브 왼손 서브를 번갈아가면서 공격해서 한 사람이 두 번의 라켓터치가 가능하고 3번 이내에 공을 넘겨서 21점을 먼저 득한 팀이 승자가 되는 경기이다.

※ 서브권

서브는 서브라인에서 서브를 넣는다. 서브권은 오른손 한 번, 왼손 한 번씩 두 번 넣고 상대방에게 서브권을 교체한다.

(★ 복식부터는 상대의 서브 손에 맞추어 경기를 진행한다. 예를 들어 상대가 오른 손 서브를 넣으면 오른손으로 랠리가 끝날 때까지 진행한다. 이 때 왼손으로 공을 치는 선수가 나오면 1점을 상대가 가져간다.)

5) 점수 기록지

점수 기록지는 선수들의 경기를 진행 할 때마다 점수를 정확하게 기록하여 순위와 등위를 기록한다.

<표 3-1> 점수 기록지

No :		소속 :	심판 성명 :		(인)		
번호	성명	구분	1세트	2세트	3세트	평가	순위
경기 1		청					
		홍					
경기 2		청					
		홍					

2. 라켓 잡는 방법과 자세

1) 라켓 잡는 방법

라켓을 잡는 방법은 공을 치는 부분을 위로 하고 라켓의 날이 바로 서도록 잡아준다. 라켓의 위치는 몸 중심(배꼽)위치에 두도록 한다.

[그림 3-4] 안쪽   [그림 3-5] 바깥쪽   [그림 3-5] 배꼽

※ 자신의 배꼽을 기준으로 라켓을 잡아준다.

2) 기본자세

정 면   측 면

기본자세는 무릎을 약간 굽히고 어깨에 힘을 주지 않는다.

3. 서브 넣는 방법과 발 이동

1) 서브 넣는 방법

서브를 넣는 방법은 공을 잡고 라켓으로 공을 치는 방법을 사용한다. 배드민턴 방식을 적용하여 무리한 서브로 인한 어깨부상을 방지한다.

오른 손 서브 넣는 법　　　왼 손 서브 넣는 법　　　서브라인 발 위치

2) 발 이동 방법

태권도의 앞굽이 자세를 응용하여 발 움직임을 전·후·좌·우, 상·중·하로 이동한다. 이 때 앞발에 무리한 체중이 실리지 않도록 주의한다.
(★ 무릎, 발목 스포츠상해주의)

왼발 앞 1보　　　오른발 앞 1보　　　왼발 상 1보　　　오른발 상 1보

왼발 중 1보　　　오른발 중 1보　　　왼발 하 1보　　　오른발 하 1보

    왼발 뒤 1보   오른발 뒤 1보   기본 서기자세

4. 오른손 사용방법

오른손 머리상단 오른발 후단 공격치기	오른손 상단 오른발 하단 공격치기	오른손 상단 오른발 중단 공격치기	오른손 상단 왼발 상단 공격치기	오른손 상단 왼발 중단 공격치기
오른손 중단 오른발 상단 받아치기	오른손 중단 오른발 중단 받아치기	오른손 하단 오른발 전진 받아치기	오른손 하단 오른발 중단 받아치기	오른손 하단 오른발 하단 받아치기
오른손 하단 왼발 하단 받아치기	왼손 중단 오른발 중단 받아치기	제자리 오른손 머리상단 공격치기	제자리 오른손 몸통 상단 공격치기	제자리 오른손 몸통 중단 받아치기
제자리 오른손 몸통상단 공격치기	제자리 오른손 몸통하단 받아치기	제자리 오른손 상단 공격치기	제자리 오른손 얼굴상단 공격치기	제자리 오른손 정하단 받아치기

5. 왼손 사용방법

왼손 머리상단
왼발 후단
공격치기

왼손 상단
오른발 중단
공격치기

왼손 상단
오른발 하단
공격치기

왼손 상단 왼발
중단 공격치기

왼손 상단 왼발
하단 공격치기

왼손 중단 왼발
상단 받아치기

왼손 중단 왼발
중단 받아치기

왼손 하단
오른발 상단
받아치기

왼손 하단
오른발 하단
받아치기

왼손 하단 왼발
전진 받아치기

왼손 하단 왼발
중단 받아치기

왼손 하단 왼발
하단 받아치기

제자리 왼손
머리 상단
공격치기

제자리 왼손
몸통 상단
공격치기

제자리 왼손
몸통 중단
받아치기

제자리 왼손
몸통상단
공격치기

제자리 왼손
몸통하단
받아치기

제자리 왼손
상단 공격치기

제자리 왼손
얼굴상단
공격치기

제자리 왼손
정하단 받아치기

6. 태극민턴 경기 규칙

1) 서브 방법

❶ 서브는 서브라인에서 오른손, 왼손 각각 한번씩 2번의 서브를 하고 서브 시에는 언더서브만을 허용한다.

❷ 서브는 앞에 있는 선수에게 하고, 반드시 서브 받은 선수에서 다음선수로 이어 친다.

❸ 서브를 넣는 사람은 상대팀 선수가 준비가 되었는지 확인 후 서브를 한다.

❹ 서브권은 세트별 교대로 가지면서 코트를 바꾼다.

❺ 세트 점수가 같을 경우 점수 리드 선수가 먼저 서브하고 중간 점수에서 서브를 상대선수로 바꾼다.

2) 득점 방법

❶ 서브가 서비스라인 안쪽에 떨어졌을 경우 상대팀이 득점한다.

❷ 헛스윙을 한 경우 친 것으로 간주하여 상대팀이 득점한다.

❸ 1세트는 21점을 먼저 선취한 선수가 이긴 것으로 한다.

❹ 총 5세트 중에서 3세트를 먼저 이기면 승리한 것으로 한다.

3) 경기 중 규칙

❶ 네트터치 : 경기 중 라켓이 네트를 건드리면 상대팀 득점.

❷ 오버네트 : 라켓이 네트를 넘어가면 상대팀 득점.

❸ 보디터치 : 공이 선수의 몸이나 옷에 닿았을 경우 상대팀 득점.

❹ 드리블 : 공을 두 번 이상 쳤을 경우 상대팀 득점.

❺ 라인파울: 상대가 서브 넣기 전 서브라인 침범 시 상대팀 득점

❻ 라켓 파울: 서브 넣는 손이 아닌 반대 손으로 친 경우 상대팀 득점

7. 태극민턴 용어 설명

❶ 라켓 쥐는 법(Grip) : 라켓을 쥐는 방법.

❷ 공격법-치다(Hit) : 라켓위치를 어깨이상의 높이에서 공을 치는 것.

❸ 방어법-넘기다(Return) : 상대의 공을 수비적 자세로 되받아넘기는 것.

❹ 연속치기(Rally) : 공을 놓치지 않고 연속해서 치는 것.

❺ 서브(Serve) : 공을 먼저 치고 시작하는 것.

❻ 방어(Receive) : 상대방의 공을 받아 넘기는 것.

❼ 서브교체(Serve Change) : 서브권이 바뀌는 것.

❽ 인(In) : 공격해서 상대 경기세트 안에 공이 들어갔을 때.

❾ 아웃(Out) : 공격한 공이 경기세트 밖으로 나갔을 때.

❿ 반칙(Foul) : 경기 전, 중, 후에 해서는 안 되는 행동을 한 경우.

⓫ 서브 실패(Fault) : 서브 시 서브라인이나 네트에 공이 걸렸을 때

⓬ 승자(Winner) : 경기를 이긴 사람.

8. 심판

심판은 태극민턴 협회의 규칙에 따라 경기를 관리 운영하는 경기 책임자를 말한다. 심판은 경기 중 점수 기록 및 선수에게 경고를 줄 수 있다. 심판은 심판으로 인식될 수 있는 복장을 한다.

1) 심판의 위치

심판은 네트를 정면으로 볼 수 있는 곳에 양 발을 어깨 넓이로 편하게 선다. 선수와 라켓, 공의 위치 등을 동시에 잘 볼 수 있도록 몸의 방향을 정한다.

2) 경고

경기의 원활한 진행과 정정당당한 승부를 위해서 경기 중에 다음과 같은 경우에 심판은 선수에게 경고를 줄 수 있다.

❶ 선수가 서브하는 시간이 10초를 넘는 경우 경고를 준다.
❷ 선수가 임의로 경기를 1분 이상 지연시켰을 때 경고를 준다.
❸ 경기 중 음식을 먹거나 음료를 마실 때 경고를 준다.
❹ 경기 중 품위를 손상하는 때 경고를 준다.
❺ 경기 중 경쟁 선수가 공을 치는 것을 방해할 때 경고를 준다.
❻ 경기 중 경쟁 선수나 팀을 야유를 할 때 방해할 때 경고를 준다.
❼ 경기 욕을 하거나 용구를 함부로 버릴 때 방해할 때 경고를 준다.
❽ 경기 중 심판판정에 항의할 때 경고를 준다.

(★ 선수가 경기 중 경고를 받게 되면 합산 점수 란에 / 표시를 한다. 한 경기에서 2회의 경고를 받으면 합산 점수에서 1점을 감한다.)

3) 수신호

심판의 경기 진행은 수신호로 표현한다.

❶ 경기준비

| 선수호출 (청, 홍) | 선수 앞으로 | 양 선수 악수(시작 전,후) |

- 선수대기 : 양손을 대각선 아래로 내린다.
- 우측 '홍' 호명 : 오른쪽 손바닥을 아래로 한 채 우측을 가르친다.
- 좌측 '청' 호명 : 왼쪽 손바닥을 아래로 한 채 좌측을 가르친다.
- 선수 앞으로 : 양쪽 손바닥을 마주보고 나란히 한다.
- 악수 : 양쪽 손끝을 맞보게 잡는다.

❷ 경기진행

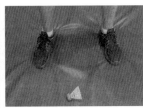

| 서브선택권 | 홍 선수 서브권 | 청 선수 서브권 |

청 서브 1   청 서브 2   홍 서브 1   홍 서브 2

경기장 교체   중지   작전타임   시간타임

- 서브&코트 : 공을 오른손으로 들어 올린다.
- 서브권: 공의 헤드방향에 따라 서브권 결정
- 청 선수 서브 : 왼쪽 손바닥을 아래로 한 채 좌측을 가리킨다.
- 홍 선수 서브 : 오른쪽 손바닥을 아래로 한 채 우측을 가리킨다.
- 경기장 교체 : 양손을 내려 교차한다.
- 중지: 손을 사람(人)모양으로 모아준다.(선수 부상시, 경기장 정리시)
- 작전타임: 양 손가락을 얼굴위로 x로 표시해준다.(결승 경기, 국제대회)
- 시간타임: 양 손바닥을 이용 T자로 표시해준다.(라켓, 공교체, 수정 시)

❸ 주의, 경고 및 감점

청 '주의' 1   청 '주의' 2   청 '경고' 1   청 '경고' 2   청 '감점' '하나'

| 홍 '주의' 1 | 홍 '주의' 2 | 홍 '경고' 1 | 홍 '경고' 2 | 홍 '감점' '하나' |

- 청 선수 '주의' : 왼쪽 손가락 하나를 입에 대었다 떼며 선수를 가리킨다.
- 홍 선수 '주의' : 오른쪽 손가락 하나를 입에 대었다 떼며 선수를 가리킨다.
- 청 선수 '경고' : 왼쪽 손가락 두 개를 입에 대었다 떼며 선수를 가리킨다.
- 홍 선수 '경고' : 오른쪽 손가락 두 개를 입에 대었다 떼며 선수를 가리킨다.
- 청 선수 '감점' '하나' : 청 선수를 향해 손가락 하나를 들어 '감점 하나'를 외친다.
- 홍 선수 '감점' '하나' : 홍 선수를 향해 손가락 하나를 들어 '감점 하나'를 외친다.

❹ 경기득점(인), 실점(아웃), 승패

| 청 '아웃' 1 | 청 '아웃' 2 | 홍 '아웃' 1 | 홍 '아웃' 2 |

| 라인 '아웃'(부심) 1 | 라인 '아웃' (부심) 2 | 홍 네트 '아웃' | 청 네트 '아웃' |

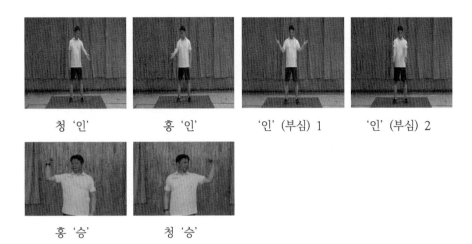

청 '인' 홍 '인' '인' (부심) 1 '인' (부심) 2

홍 '승' 청 '승'

－ 청 선수 '인' : 오른쪽 손바닥을 펼쳐 어깨에서 대각선 아래로 향해 밖에서 안으로 표시한다.(부심은 양손을 사용한다)

－ 홍 선수 '인' : 왼쪽 손바닥을 펼쳐 어깨에서 대각선 아래로 향해 밖에서 안으로 표시한다.(부심은 양손을 사용한다)

－ 청 선수 '아웃' : 왼쪽 손바닥을 가슴에 대었다 밖으로 펼친다.

－ 홍 선수 '아웃' : 오른쪽 손바닥을 가슴에 대었다 밖으로 펼친다.

－ 청 선수 '승' : 왼쪽 주먹을 L자 모양으로 들어준다.

－ 홍 선수 '승' : 오른쪽 주먹을 L자 모양으로 들어준다.

9. 팀 편성 방법

운영 본부는 등록 선수들의 등록 자료를 가지고 팀을 편성한다.

❶ 개인전
총 5세트 중에서 3세트를 먼저 이기면 승리한 것으로 하고 경기를 종료한다.

❷ 단체전
2~4명씩을 한 팀으로 하여, 총 5세트 중에서 3세트를 먼저 이기면 승리한
것으로 하고 경기를 종료한다.

❸ 토너먼트 경기
참가 인원에 따라 토너먼트 경기로 진행할 수 있다.

10. 경기 전 운동

태극민턴은 양손 운동과 함께 고도의 집중력과 판단력을 높이는 운동이다. 따라서 대회전에 반드시 스트레칭을 충분히 하는 것이 좋다. 스트레칭은 관절의 가동범위를 향상시키는데 도움이 된다.

1) 준비운동

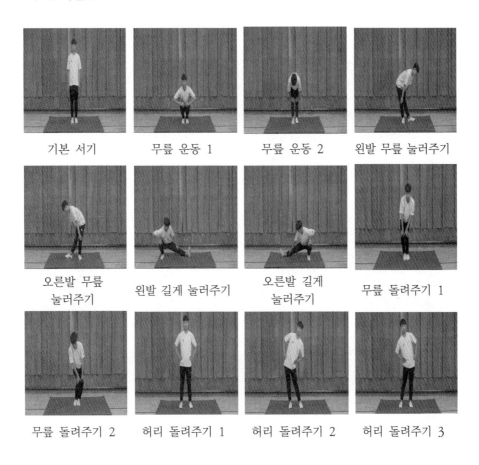

| 기본 서기 | 무릎 운동 1 | 무릎 운동 2 | 왼발 무릎 눌러주기 |

| 오른발 무릎 눌러주기 | 왼발 길게 눌러주기 | 오른발 길게 눌러주기 | 무릎 돌려주기 1 |

| 무릎 돌려주기 2 | 허리 돌려주기 1 | 허리 돌려주기 2 | 허리 돌려주기 3 |

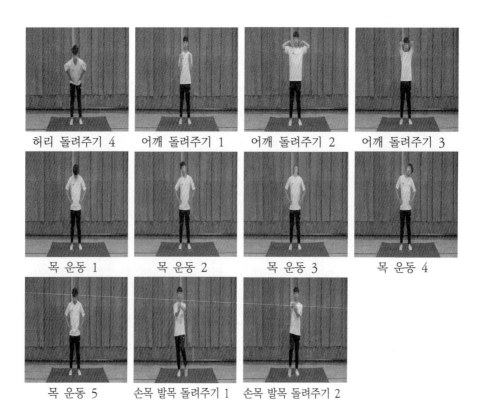

허리 돌려주기 4   어깨 돌려주기 1   어깨 돌려주기 2   어깨 돌려주기 3

목 운동 1   목 운동 2   목 운동 3   목 운동 4

목 운동 5   손목 발목 돌려주기 1   손목 발목 돌려주기 2

2) 스트레칭

목 당겨주기   턱 밀어올리기   오른쪽 머리 당기기 1   오른쪽 머리 당기기 2   왼쪽 머리당기기 1

왼쪽 머리당기기 2   왼 손바닥 위로 당기기   왼 손바닥 아래로 당기기   오른 손바닥 위로 당기기   오른 손바닥 아래로 당기기

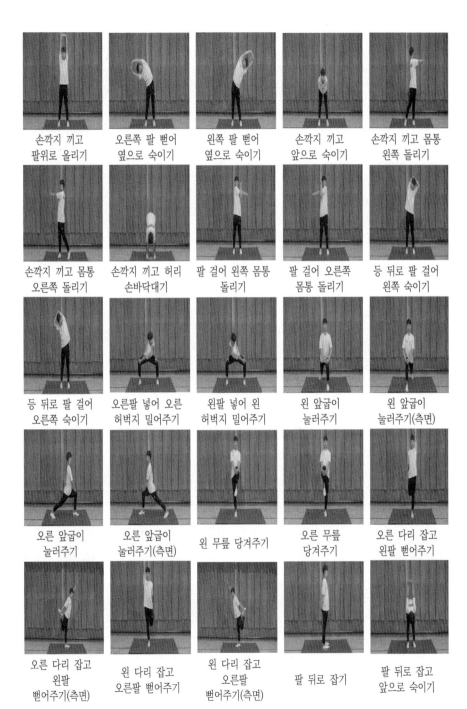

손깍지 끼고 팔위로 올리기	오른쪽 팔 뻗어 옆으로 숙이기	왼쪽 팔 뻗어 옆으로 숙이기	손깍지 끼고 앞으로 숙이기	손깍지 끼고 몸통 왼쪽 돌리기
손깍지 끼고 몸통 오른쪽 돌리기	손깍지 끼고 허리 손바닥대기	팔 걸어 왼쪽 몸통 돌리기	팔 걸어 오른쪽 몸통 돌리기	등 뒤로 팔 걸어 왼쪽 숙이기
등 뒤로 팔 걸어 오른쪽 숙이기	오른팔 넣어 오른 허벅지 밀어주기	왼팔 넣어 왼 허벅지 밀어주기	왼 앞굽이 눌러주기	왼 앞굽이 눌러주기(측면)
오른 앞굽이 눌러주기	오른 앞굽이 눌러주기(측면)	왼 무릎 당겨주기	오른 무릎 당겨주기	오른 다리 잡고 왼팔 뻗어주기
오른 다리 잡고 왼팔 뻗어주기(측면)	왼 다리 잡고 오른팔 뻗어주기	왼 다리 잡고 오른팔 뻗어주기(측면)	팔 뒤로 잡기	팔 뒤로 잡고 앞으로 숙이기

팔 뒤로 잡고 앞으로 숙이기	앉아서 상체 앞으로 숙이기 1	앉아서 상체 앞으로 숙이기 2	앉아서 상체 앞으로 숙이기	양다리 모아주기
양다리 모아 앞으로 숙이기	무릎 세우기	왼 무릎 쪽으로 뉘우기	오른 무릎 쪽으로 뉘우기	누워서 왼발 당겨주기
누워서 오른발 당겨주기	무릎 꿇고 팔 뻗어 앞으로 숙이기	무릎 꿇고 팔 뻗어 앞으로 숙이기	고양이 등 자세로 등 올리기	상체 들어올리기
상체 들어 올리기(측면)	왼발 뻗어 당겨주기	왼발 뻗어 당겨주기(측면)	오른 발 뻗어 당겨주기	오른 발 뻗어 당겨주기(측면)
누워서 왼발 반대로 넘기기	누워서 오른발 반대로 넘기기	발 모아 머리 위로 넘기기	상체 들어 배 올리기	상체 들어 배 올리기

상체 말아   상체 뒤로   상체 앞으로
올리기   젖혀주기   숙이기

11. 태극민턴 경기 순서

1) 대회 전

❶ 참가 선수 등록

○ 경기 전 15일 내에 참가자는 참가 등록을 완료해야 한다.

○ 참가자 등록 시 신상명세서와 신청서를 낸다.

○ 등록 대상은 선수, 감독, 코치, 임원, 운영요원 등이다.

❷ 참가 선수 준비사항

경기 참가자는 선수명찰 착용하고, 신분 확인 및 부정행위 예방을 위해 주민
등록증, 운전면허증, 기타 자격증을 경기 당일 지참해야 한다.

2) 팀 편성

경기에 참가하는 인원수에 따라 팀을 편성한다.

3) 경기장 설치

경기를 위해서 네트를 설치한다.

4) 선수 준비 사항

❶ 경기에 임하는 선수들은 경기 전에 등록해야 한다.

❷ 명찰과 신원을 확인할 수 있는 신분증을 지참한다.

❸ 심판은 시합 개시 전 신분확인을 한다.

❹ 선수들은 라켓을 개인 소장하고 경기를 준비한다.

5) 개회식

❶ 개회식을 선포한다.

❷ 국민의례를 한다.

❸ 경기에 대한 주의사항과 당부 사항을 전달한다.

❹ 경기 시작을 알린다.

5) 심판은 정 위치에 자리한다.

6) 선수입장

경기를 하기 위해서 선수들은 입장하여 경기를 할 수 있는 위치에 선다.

❶ 1인 경기 : 경기장의 가운데 선다.

❷ 2인, 3인 경기

- 옆으로 나란히 서는 방법 : 2인 경기시

- 앞뒤로 한명씩 서는 방법 : 3인 경기시

7) 경기 시작

심판은 경기 시작을 알린다.

8) 서브

❶ 서브하는 순서는 심판의 공 던지기 후 결정한다.

❷ 서브는 서브라인에서 오른손, 왼손 각각 한번씩 2번의 서브를 하고 서브 시에는 언더서브만을 허용한다.

9) 랠리

공을 서로 점수가 날 때까지 주고받는다.

10) 경기 종료

총 5세트 중에서 3세트를 먼저 이기면 승리한 것으로 하고 경기를 종료한다.

11) 폐회식

❶ 모든 선수들을 집합시킨다.

❷ 등수에 따라 시상을 한다.

❸ 폐회식을 알린다.

12. 태극민턴 선수 규칙

❶ 선수는 경기에 임할 때 만나는 모든 경기관계자에게 웃는 얼굴로 반갑게 "안녕하세요"라고 인사를 나눈다.

❷ 정해진 시간을 철저히 엄수하여 다른 사람들이나 경기 진행에 해를 끼치지 않도록 한다.

❸ 경기의 원활한 진행을 위해서는 경기용품의 준비는 물론, 진행자와 심판의 지시를 잘 따라야 한다.

❹ 시합 중에는 지나친 경쟁심보다는 상대 선수를 배려하는 예의 바른 경기를 해야 한다.

❺ 경기 중에 실수하거나 낮은 점수를 받은 선수에게는 질책하지 말고, 격려를 한다.

❻ 선수는 경기 전, 후 상대선수를 자극하는 언행을 하지 말아야 한다.
(적발이나 신고시 징계처벌을 할 수 있다)

❼ 경기 중에는 규칙을 준수하며, 신속한 경기 진행을 위해서 노력한다.

❽ 경기가 끝난 후에 경기장의 정리는 물론 자신의 쓰레기를 치워야 한다.

❾ 태극민턴 용구는 소중하게 다루고 분실되지 않도록 한다.

❿ 시상식에서 승패와 관계없이 이긴 선수를 칭찬하고, 진 선수에게는 격려를 해준다.

13. 태극민턴을 이용한 응용 방법

❶ 태극민턴 피구(상대팀 선수 맞추기)

❷ 태극민턴 야구(공을 언더로 던져서 치고 달리기)

❸ 태극민턴 농구(공을 쳐서 상대 골대 안에 넣기)

❹ 태극민턴 원안에 공 넣기(공을 원 안에 많이 넣기)

❺ 태극민턴 표적맞추기 게임(표적을 세워두고 맞추기)

❻ 태극민턴 원안에서 공 오래치기(원 안에 한발을 걸치고 공치기)

❼ 태극민턴 이어달리기 릴레이(3, 5, 7, 10인조-지정위치 돌아오기)

❽ 태극민턴 조별치기 릴레이(3, 5, 7, 10인조-한줄 돌아가며 치기)

❾ 태극민턴 원 안에서 순서대로 오래치기(원 안에 발을 붙이고 치기)

❿ 태극민턴 친 공 라켓으로 공 잡기(공을 라켓으로 받기)

⓫ 태극민턴 공 바구니에 넣기(일정한 수의 공을 바구니에 넣기)

⓬ 태극민턴 공 멀리치기(공을 멀리 보내기)

⓭ 태극민턴 공치면서 장애물 돌아오기(다양한 장애물 설치)

⓮ 태극민턴 양발과 양손라켓으로 번갈아 치기(손과 발을 모두사용)

⓯ 태극민턴 공치고 제자리 돌아 받기(한손치고 번갈아 좌, 우 돌기)

부록

태극민턴 연혁

- 2017년 12월 23일 충남대학교 스포츠융복합창업육성사업단 창업가발굴 육성교육 수료
- 2017년 12월 23일 충남대학교 스포츠융복합창업육성사업단 창업가발굴 육성교육 우수상 수상
- 2018년 1월 3일 태극민턴라켓 특허청 디자인 출원
- 2018년 1월 6일 대한태극민턴협회 창립준비회의 개최
- 2018년 1월 22일 충남대학교 스포츠융복합창업육성사업단 스포츠융복합 창업특허캠프 수료
- 2018년 1월 24일~27일 충남대학교 스포츠융복합창업육성사업단 선정 중국베이징박람회 견학
- 2018년 2월 9일 (사)대덕이노폴리스벤처협회 스포츠융복합산업 투자·기술 창업교육수료
- 2018년 4월 4일 태극민턴지도자, 심판자격증 한국직업능력개발원 등록결정
- 2018년 4월-12월 대전시체육회 태극민턴 생활체육보급사업 선정(6개 장소 운영)
- 2018년 5월 10일 태극월드스포츠 태극민턴용품 창업 사업자등록
- 2018년 5월 15일 충남대학교 이노폴리스캠퍼스사업단 창업교육과정 수료
- 2018년 6월 4일 대전시체육회 스포츠안전캠프 태극민턴 채택 교육실시(3개 학교)
- 2018년 6월 27일 1인창업벤처캠프 K-ICT창업멘토링센터장 장려상 수상
- 2018년 7월 21일 인도네시아 바양카라 대학 대한태극민턴협회 MOU 체결
- 2018년 7월 30일 태극민턴 라켓 특허청 디자인 등록결정

- 2018년 8월 3일 태극민턴 상표 특허청 출원
- 2018년 8월 7일 대전정보문화산업진흥원 1인창조기업지원센터 선택형사업비 지원 선정
- 2018년 8월 27일 한양대학교 사회교육원 대한태극민턴협회 업무협약체결
- 2018년 8월 29일 대전정보문화산업진흥원 태극월드스포츠 입주기업선정 계약체결
- 2018년 8월 31일 대전광역시 생활체육지도자 태극민턴 실기교육(120명)
- 2018년 9월 4일 대전정보문화산업진흥원 선택형사업비 지원－태극민턴 동영상, 브로슈어 제작
- 2018년 9월 14일 태극민턴 상표 특허청 지정상품 추가출원
- 2018년 9월 16일 IP창업ZONE 제4기 아이디어 창출교육 수료 (대전지식재산센터)
- 2018년 9월 28일 대한청소년스포츠클럽연맹 업무협약체결
- 2018년 10월 5일 대전지식센터 IP특허 지원사업 선정(2건 획득)
- 2018년 11월 1일 대한직장인체육회 태극민턴협회 정식가맹단체 가입

태극민턴 관련 증서

태극민턴 심판자격등록

태극민턴지도자 자격등록

태극민턴 심판자격증

태극민턴 지도자자격증

K-ICT 창업벤처캠프 장려상

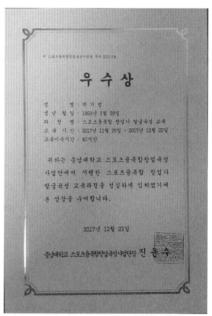

충남대 스포츠융복합 창업 우수상

인도네시아 바양카라대학 업무협약

한양대학교 사회교육원 업무협약서

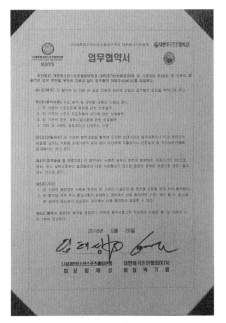

대한청소년스포츠클럽연맹업무협약

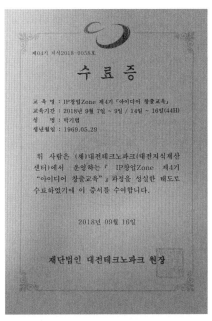

대전테크노파크 IP지식재산 수료증

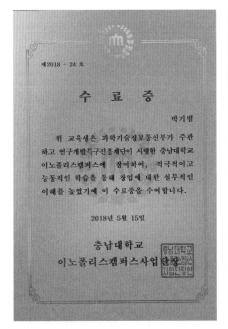

충남대 이노폴리스캠퍼스 수료증

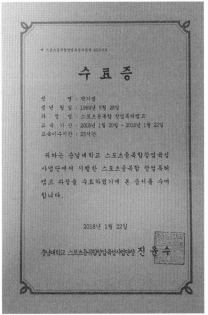

충남대 창업특허캠프 수료증

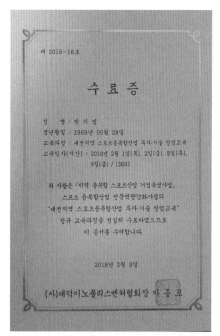

대덕이노폴리스벤처협회 수료증

태극민턴라켓 디자인등록증

충남대스포츠창업가발굴육성수료증

대한직장인체육회 태극민턴협회 가입

태극민턴 경기 운영 계획서

1. 행사 개요

가. 행사명 : "전국 태극민턴 경기"

나. 기 간 : 2018. 00. 00(토) 10:00~17:00

다. 장 소 : 00 체육관

라. 주 최 : 태극민턴 협회 00지부

마. 주 관 : 태극민턴 협회

바. 참가대상 : 남녀노소

아. 참가인원 : 1000명

2. 경기 규정

가. 경기종목 : 개인전, 단체전

나. 팀 구 성 : 5명 단위로 팀 구성

다. 경기 규칙 : 경기 및 심판규정은 대한태극민턴협회의 경기규칙을 적용

라. 경기 방법 : 가장 높은 점수를 받은 팀이 우승

3) 운영 계획

구분	경기시간	내용
등록	10:00 ~ 10:30	00노인정
개회식	10:30 ~ 11:00	
경기	11:00 ~ 12:00	단체전
	12:00 ~ 13:00	중식
	13:00 ~ 16:30	단체전
폐회식	16:00 ~ 17:00	폐회식

4) 시상 내역

구분	순위	시상내용			비고
		상장	트로피	상금	우승기
시상	종합우승	○	○	00만원	
	준우승	○	○	00만원	
	3위	○	○	00만원	

태극민턴 경기 참가 신청서

구분	성명	주민등록번호	성별	주소	전화번호
대표		-			
선수 1		-			
선수 2		-			
선수 3		-			
선수 4		-			
선수 5		-			
선수 6		-			
선수 7		-			
선수 8		-			
선수 9		-			
선수 10		-			
후보		-			

점수 기록표

No : 소속 : 심판 성명 : (인)							
번호	성명	구분	1세트	2세트	3세트	평가	순위
경기 1		청					
		홍					
경기 2		청					
		홍					
경기 3		청					
		홍					
경기 4		청					
		홍					
경기 5		청					
		홍					
경기 6		청					
		홍					
경기 7		청					
		홍					
경기 8		청					
		홍					
경기 9		청					
		홍					
경기 10		청					
		홍					

대한태극민턴협회 정관

대한태극민턴협회 정관

2018년 10월 10일

제1장 총 칙

제1조 (명칭) 본 협회는 대한태극민턴협회[太極민턴; Taegeuk-minton] (이하 "협회"라 한다)라 칭한다.

제2조 (목적) 본 협회는 전통체육인 태극민턴을 국내·외에 널리 보급하고, 국민의 건강 증진 및 활기찬 여가생활을 도모하고, 명랑하고 밝은 대한민국 건설에 이바지함을 목적으로 한다.

제3조 (사무소) 본 협회의 사무소는 서울에 둔다.

제4조 (사업) 본 협회는 제2조의 목적을 달성하기 위하여 다음의 사업을 한다.
① 연간 사업계획의 수립, 시행
② 태극민턴의 개발 및 보급
③ 태극민턴 대회의 개최 및 주관
④ 태극민턴 보급 확산을 위한 지사 설립
⑤ 태극민턴 보급 확산을 위한 홍보 및 용구 공급
⑥ 각종 체육 관련 단체나 사회단체와의 유대강화
⑦ 학교 스포츠 활성화를 위한 교직원 연수 및 스포츠 강사교육
⑧ 노인 사회체육 활성화를 위한 전문가 연수 및 강사 교육
⑨ 분과 협회나 프로그램의 컨설팅 및 홍보지원
⑩ 기타 생활체육 활성화 및 본 협회 발전에 필요한 사업

제2장 권리와 의무

제5조 (권리) 본 협회는 다음의 각호에 규정한 권리를 가진다.

① 본 협회의 사업을 시행하고, 총회에서 결정된 안건을 실행한다.

② 한국전통체육연합회에 대의원을 파견하여 발언권 및 의결권을 갖는다.

③ 한국전통체육연합회에 대하여 건의 및 소청할 수 있다.

④ 한국전통체육연합회가 주최, 주관 및 승인하는 사업에 참가할 수 있다.

⑤ 한국전통체육연합회에서 주관하는 사업을 시행할 수 있다.

⑥ 새로운 프로그램을 개발하고, 보급한다.

제6조 (의무) 본 협회는 다음 각 호에 규정하는 의무를 가진다.

① 본 협회 규정 및 총회에 의결된 사항을 준수해야 한다.

② 본 협회의 발전과 산하 분과 협회의 발전을 위해 노력해야 한다.

③ 사업계획서 및 예산서와 전년도 사업보고서 및 결산서를 본 협회 총회 종료 후 10일 이내에 협회에 제출하여 보고하여야 한다.

④ 회원은 정하는 회비를 납부하여야 한다.

제3장 회 원

제7조 (회원의 구성과 가입요건) 본 협회의 회원은 다음과 같이 구성하며 각 호와 같은 가입요건을 갖추어야 한다.

① 본 협회의 회원은 본 협회 활동에 참가를 희망하는 단체(이하 "동호회"라 한다) 및 정회원, 준회원 그리고 본 협회 임원으로 한다.

② 정회원은 1인당 연간 20,000원의 회비를 납부하여야 한다.

③ 준회원은 1인당 연간 10,000원의 회비를 납부하여야 한다.

④ 동호회는 10명 이상의 정회원으로 구성되어야 한다.

⑤ 개인의 동호회 등록은 각 분과협회 별로 해야 하며, 다른 협회와 중복이 가능하다.

제8조 (가입신청 및 시기) 본 협회 회원에 가입하고자 하는 동호회 및 개인은 가입신청서를 본 협회에 제출하거나 대한태극민턴협회 홈페이지에 등록하여야 한다.

① 동호회의 가입신청서에는 단체명, 운동장소, 회원의 신상명세, 부수를 명기하여야 한다(제1호 서식).

② 개인회원의 가입신청서에는 가입 분과 협회명, 성명, 운동장소, 신상명세를 명기하여야 한다(제2호 서식).

③ 회원가입은 수시로 가능하다.

제9조 (회원의 권리) 본 협회 회원은 다음 각 호에 규정한 권리를 가진다.

① 정회원은 본 협회가 주관하는 각종 대회에 참가할 수 있으며, 선발전을 거쳐 각 시도 대표선수로서의 자격을 가질 수 있다.

② 준회원은 본 협회가 주관하는 각종 대회에 참가할 수 있는 자격을 갖는다. 단, 일부 대회에는 제한을 받을 수도 있다.

제10조 (회원의 의무) 본 협회 회원은 본 협회에 대하여 다음 각 호에 규정한 의무를 가진다.

① 본 협회의 정관 및 총회에서 의결된 사항을 준수하여야 한다.

② 본 협회의 규정과 의결된 사항을 준수하여야 한다.

③ 본 협회가 정한 소정의 회비나 참가비를 납부하여야 한다.

제11조 (탈퇴요건) ① 본 협회에 가입한 회원이나 동호회는 임의로 탈퇴할 수 있으며, 이는 본 협회 이사회의 의결로써 확정되고 이를 차기 이사회에 보고하여야 한다.

② 다음 각 호에 해당하는 회원단체는 본 협회 이사회의 의결을 거쳐 탈퇴케할 수 있다.

1. 회원단체가 해산하거나 탈퇴를 요청하였을 경우

2. 동호회로서 존속할 필요성이 인정되기 곤란한 경우

3. 본 협회의 규정과 의결된 사항을 준수하지 않거나 제 규정을 위배하였을 경우

제4장 조 직

제12조 (조직) 대한태극민턴협회의 조직은 회장을 중심으로 부회장단과, 이사회와 교육연수원을 두고, 지부와 전문분과위원회를 두고 예하에 사무국을 둔다.

① 이사회 : 대한태극민턴협회의 발전을 위하여 협회의 사무를 처리하며, 태극민턴 협회를 대표하여 협회의 발전에 기여하고, 협회의 행사에 참여하고, 회의에 참가한다. 이사회에는 경기이사, 심판이사, 재무이사, 교육이사, 시설이사, 홍보이사, 의전이사, 윤리이사, 국제교류이사, 자원봉사이사 등을 둔다.

② 교육연수원

교육연수원의 정책을 개발하고, 회원과 심판의 전문성을 교육하기 위하여 교육과 연수를 담당한다.

③ 지부

전국과 해외에 지부를 두고, 회원 모집과 관리, 용구의 공급, 프로그램의 공급, 경기 개최, 지도자 양성을 한다.

④ 전문분과위원회

아동, 청소년, 대학생, 여성, 노인, 직장인, 장애인, 다문화 분과로 나누며, 협회와 프로그램의 발전을 위하여 지속적인 프로그램을 개발한다.

⑤ 사무국

대한태극민턴협회의 운영에 필요한 행정업무와 회장단을 지원하는 역할을 한다. 사무국에는 사무총장을 두고, 그 아래에는 협회에 대한 전반적인 홍보기획을 하는 분과, 경기 운영을 담당하는 분과, 조직관리를 하는 분과를 둔다.

제5장 임 원

제13조 (임원의 종류와 정수) 본 협회는 다음의 임원을 둔다.

① 선임임원 : 이사 20인 이내(회장 1인, 부회장 약간 명 포함), 감사 2인

② 위촉임원 : 명예회장 약간 명, 고문 약간 명, 전문분과 자문위원 약간 명, 교육연수원장

③ 지부장

제14조 (임원의 임기) ① 이사의 임기는 2년, 감사의 임기는 2년으로 하되 연임할 수 있다.

② 임기의 기산은 일수를 기준으로 하지 않고 정기총회 마지막 일을 기준으로 한다.

③ 보선된 임원의 임기는 전임자의 잔여기간으로 하고 증원으로 인한 임원의 임기는 타 임원과 동일하다.

④ 임원의 임기 중 회장, 부회장을 포함한 전 임원이 개선될 경우 잔여 임기가 1년 이상일 때는 신임 임원 임기는 전임자의 잔여기간으로 하고, 1년 미만일 때는 전임자 잔여기간과 정규임기를 가산한 것으로 한다.

⑤ 임원의 임기가 만료된 경우에도 후임자가 취임하기 전까지는 그 직무를 집행하여야 한다.

⑥ 위촉임원의 임기는 선임임원의 임기에 준한다.

제15조 (선임임원의 선출방법)

① 회장은 대의원총회에서 선출한다.

② 부회장은 이사회에서 호선한다.

③ 사무총장은 회장이 직접 선임하고 이사회에서 승인한다.

④ 이사는 회장이 임명하여 대의원총회에서 승인을 받아야 한다. 단, 회장은 당연직 이사이다.

⑤ 감사는 총회에서 선출하되 대의원은 감사 외의 선임임원에 피선될 수 없다.

⑥ 회장, 감사를 제외한 이사 임기 중 결원이 있거나 충원이 필요할 때에는 이사회에서 이를 보선할 수 있다. 이 경우 차기 총회에 이를 보고하여야 한다.

제15조 (위촉임원의 선출방법) 위촉임원은 필요에 따라 둘 수 있되, 이사회의 동의를 얻어 회장이 위촉한다.

제16조 (임원의 직무) ① 회장은 본 협회를 대표하고 회무를 총괄하며 총회, 이사회의 의장, 분과 협회장이 된다.

② 부회장은 회장을 보좌하고 회장 유고시에는 회장이 지명하는 부회장이 회장의 직무를 대리한다.

③ 회장 궐위 시는 부회장 중 연장자 순에 의거 회장의 직무를 대행하며 부회장 전원이 궐위될 경우는 출석이사 중 연장자 사회아래 직무대행자를 선출한다.

④ 회장이 궐위된 경우, 회장의 잔여임기가 3개월 미만인 경우에는 회장을 선출하지 아니하고 잔여임기가 6개월 이상인 경우에는 제③항에 의한 업무대행자가 60일 이내에 총회를 개최하여 회장을 선출해야 한다.

⑤ 이사는 이사회를 구성하고 이사회에 출석하여 본 협회와의 업무에 관한 사항을 의결하며, 이사회 또는 회장으로부터 위임받은 사항을 처리한다.

⑥ 위촉임원은 회장 자문 역할을 하며, 이사회에 출석하여 의견을 진술할 수 있다.

⑦ 임원이 해당 본 협회 직무수행과 관련된 범죄사실로 기소되었을 경우 그 직무가 정지된다. 다만, 다음 각 호의 경우는 그러하지 아니한다.

1. 기소된 범죄사실의 법정형이 벌금형만 있는 경우
2. 약식명령이 청구된 경우
3. 과실범으로 기소된 경우

⑧ 임원이 본 협회 직무 수행 이외의 범죄사실로 공소 제기된 후 구금상태에 있는 경우 그 직무는 정지된다.

제17조 (임원의 회비) 임원은 다음 각 호의 회비를 이사회가 정한 기한 내에 납부하여야 하며 납부하지 않을 경우 이사회 의결로써 임원의 자격을 상실케 할 수 있다.

① 회장은 연간 100만 원 이상의 회비를 납부한다.

② 부회장은 연간 50만원의 회비를 납부한다.

③ 이사는 연간 30만원의 회비를 납부한다.

제18조 (감사의 직무) ① 본 회의 재산상황을 감사하는 일

② 이사회의 운영과 그 업무를 감사하는 일

③ 본 협회 재산상황 또는 총회 및 이사회의 운영과 업무 전반에 관하여 회장과 이사회 또는 총회에서 의견을 진술하는 일

④ 제①호 및 제②호의 감사결과 부정 또는 부당한 점이 발견될 때에는 이를 이사회 또는 총회에 그 시정을 요구하고, 시정되지 않을 때에는 본 협회 회장에게 보고하는 일

⑤ 제④호의 보고를 위하여 필요한 때에는 이사회 또는 총회의 소집을 요구하는 일

제19조 (임원의 결격사유) 다음 각 호의 1에 해당하는 자는 본 협회의 임원이 될 수 없다.

① 대한민국 국민이 아닌 자

② 금치산자 또는 한정치산자

③ 파산선고를 받은 자로서 복권되지 아니한 자

④ 금고이상의 형을 선고받고 그 집행이 종료되거나 집행을 받지 아니하기로 확정된 날로부터 3년이 경과되지 아니한 자

⑤ 법률 또는 법원의 판결에 의하여 자격이 상실 또는 정지된 자

제20조 (임원의 보수) 임원은 무보수 명예직으로 하며 업무수행에 필요한 최소한의 판공비와 실비는 지급할 수 있다.

제6장 대의원총회

제21조 (구성과 자격) ① 대의원총회는 각 지부장이나 회장이 추천한 각 1인의 대의원으로 구성한다.

② 정회원 20인 이상으로 구성된 동호회에서 대의원을 1인 추천할 수 있다.

③ 지부가 형성되기 전까지는 회장, 부회장, 이사들이 참여한다.

④ 대의원의 자격은 당해 정기 총회로부터 2년으로 한다.

제22조 (기능) 대의원 총회는 본 협회의 최고 의결기관으로써 다음사항을 의결한다.

① 임원 선출에 관한 사항

② 규정 변경에 관한 사항

③ 예산 및 결산의 승인

④ 사업계획 및 사업실적 보고의 승인

⑤ 기타 중요한 사항

제22조 (소집) ① 대의원 총회는 정기총회와 임시총회로 나누며, 회장이 이를 소집한다. 정기총회는 매 회계연도 종료 후 1개월 이내에 개최한다.

② 임시총회는 이사회의 결의 또는 대의원 3분의 2이상의 서면 요청이 있을 때 소집하며, 2주일 이내에 이를 소집하여야 한다.

③ 총회소집은 토의사항을 명기하여 7일전에 통지하여야 한다. 다만, 긴급하다고 인정되는 정당한 사유가 있을 때에는 예외로 한다.

제23조 (총회소집의 특례) ① 회장은 다음 각 호의 1에 해당하는 소집요구가 있을 때에는 소집요구일로 부터 15일 이내에 총회를 소집하여야 한다.

1. 재적이사 과반수가 회의의 목적을 제시하여 소집을 요구한 때

2. 대의원 3분의 2 이상이 회의의 목적을 제시하여 소집을 요구한 때

② 총회 소집권자가 궐위되거나 또는 이를 기피함으로써 총회소집이 불가능

할 때에는 재적이사 3분의 2 이상 또는 대의원 3분의 2 이상의 찬성으로 회장의 승인을 받아 총회를 소집할 수 있다.

제24조 (의장의 표결권) 회장이 의장직을 맡을 때는 의결 시 표결권 및 결정권을 행사할 수 없고, 임시의장이 선출될 때는 표결권을, 가부 동수일 때는 결정권을 가진다.

제25조 (총회의결 제척사유) 의장 또는 대의원이 자신의 해임에 관한 사항이나 재산의 수수를 수반하는 사업으로 자신과 본 협회의 이해가 상반되는 사항은 그 의결에 참여하지 못한다.

제26조 (의사 및 의결 정족수) ① 총회는 재적대의원 과반수의 출석으로 개회한다.
② 총회의 의사표결은 본 정관에 특별히 규정한 것을 제외하고는 출석한 대의원의 과반수 찬성으로 의결한다.
③ 임원선출과 관련하여 출석한 대의원 과반수 찬성으로 선출한다.

제27조 (서면결의) 회장은 총회에 부의할 사항 중 긴급을 요하는 사항에 관해서는 이를 서면결의에 부의할 수 있다. 이 경우 회장은 그 결과를 차기 총회에 보고하여야 한다.

제28조 (포상 및 징계) 국민생활체육 태극민턴 발전에 기여한 공적이 현저한 단체 및 개인을 포상하며 비리가 있는 협회나 회원단체 및 개인을 징계할 수 있다.
① 포상은 국민생활체육이나 태극민턴 발전에 기여한 공적이 현저한 협회나 동호회 및 개인을 포상하되 이사회의 추천으로 이사회 의결로 결정한다.
② 징계는 국민생활체육 발전에 해를 끼치거나 불이익을 초래한 협회임원 및 개인을 회장이 이사회의 의결을 얻어 징계 할 수 있다.

제29조 (임원의 불신임) ① 총회는 임원에 대하여 부분적 또는 전체적으로 해임을 의결할 수 있다.

② 해임 안은 재적대의원 3분의 2이상의 찬성으로 발의되고 재적 대의원 3분의 2 이상 찬성으로 의결한다.

③ 해임 안이 의결되었을 때에는 당해 임원은 즉시 해임된다.

④ 해임 안이 의결되면 총회는 즉시 선임임원을 선출하여 본 협회의 업무수행에 차질이 없도록 해야 한다.

제30조 (임원의 발언권) 임원은 총회에 출석하여 의견을 진술하고 질문에 응답 할 수 있다.

제7장 이 사 회

제31조 (구성) 이사회는 회장, 부회장 및 이사로 구성하며 본 협회의 최고 집행기관이다.

제32조 (기능) 이사회는 다음 각 호의 사항을 처리, 집행한다.
① 협회업무집행에 관한 사항
② 사업계획의 운영에 관한 사항
③ 예산안 및 결산에 관한 사항
④ 규정 개정안 작성에 관한 사항
⑤ 분과 협회 및 지사의 조정 및 통할에 관한 사항
⑥ 총회에서 위임받은 사항
⑦ 총회 부의 사항의 작성 및 상정
⑧ 사무총장에 대한 임면동의
⑨ 기타 중요사항

제33조 (의사 및 의결 정족수) ① 이사회는 재적이사 과반수의 출석으로 성원된다.

② 이사회의 표결은 출석한 이사의 과반수 찬성으로 결의한다.

③ 의장은 의결에 있어 표결권을 가지며, 가부 동수일 경우에는 결정권을 가진다.

제34조 (소집) ① 이사회는 필요에 따라 회장이 소집한다.

② 이사회의 의장은 회장, 부회장 및 선임이사 순으로 한다.

제35조 (소집의 특례) ① 회장은 재적이사 과반수가 회의의 목적을 제시하여 소집을 요구한 때 소집요구일로부터 15일 이내에 이사회를 소집하여야 한다.

② 이사회의 소집권자가 궐위되거나 또는 이를 기피함으로써 15일 이상 이사회 소집이 불가능할 때에는 재적이사 3분의 2이상 또는 회장의 승인을 받아 소집할 수 있다.

제36조 (긴급처리) 회장은 그 내용이 경미하거나 또는 긴급하다고 인정될 때에는 이를 집행할 수 있다. 다만, 즉시 소집되는 이사회에 이를 보고하여 승인을 받아야 한다.

제8장 운영위원회

제37조 (구성) 본 협회의 원활한 운영을 위하여 임원중에서 다음 각 호로 구성된 운영위원(장)을 둔다.

① 회장

② 수석부회장

③ 부회장

④ 사무총장

⑤ 경기이사(위원장)

⑥ 심판이사(위원장)

⑦ 재무이사(위원장)

⑧ 교육이사(위원장)

⑨ 시설이사(위원장)

⑩ 홍보이사(위원장)

⑪ 의전이사(위원장)

⑫ 윤리이사(위원장)

⑬ 국제교류이사(위원장)

⑭ 자원봉사이사(위원장)

제38조 (기능) 운영위원회는 다음 각 호의 사항을 처리, 집행한다.

① 긴급현안처리

② 간단한 사업 및 계획 승인

③ 각종 물품구매에 대한 적정성 검토

④ 본 협회 주최, 주관 대회요강 심의

⑤ 출전선수의 자격 및 주심·부심 심의

⑥ 부정선수에 관한 사항

⑦ 경기운영의 분쟁사항에 따른 심의 및 결정

제9장 재산 및 회계

제39조 (재산의 구분) ① 본 협회의 재산은 기본재산과 보통재산으로 구분하며 다음 각 호에 해당 하는 재산은 기본재산으로 한다.

1. 회비

2. 기금

3. 대회참가비

4. 체육회 지원금

5. 이사사회의 결의에 의하여 기본재산으로 편입되는 자산

② 본 협회의 재산 중 전항 각호 이외의 재산은 보통재산으로 한다.

③ 기부금품은 기부하는 자의 지정에 따른다.

제40조 (재정) 본 협회가 제5조의 사업을 수행하기 위하여 지출하는 경비는 다음 수입금으로 충당한다.

① 정부 및 공공단체의 보조금

② 회원 및 임원의 회비

③ 기부금 및 찬조금

④ 광고홍보비 및 대회참가비

⑤ 용구 판매 수입금

⑥ 심판과 지도자 양성 교육비

⑦ 교육자격증 발급비

⑧ 기타 수익금

제41조 (지출) 본 협회의 발전을 위해 지급하는 비용은 다음과 같다.

① 각종 회의에 들어가는 비용

② 분과 협회 행사 참가비

③ 프로그램 개발 및 보급에 들어가는 비용

④ 광고홍보비

⑤ 사무국 직원 임금

⑥ 회장 판공비

⑦ 기타(총회에서 지출이 필요하다고 하는 비용)

제42조 (잉여금의 처리) 본 협회의 매 회계연도 결산상 잉여금은 다음 순으로 처리한다.

① 이월 결손금의 보존

② 차기 회계연도 목적사업비로 이월

③ 기본재산으로 편입시키기 위한 적립

제43조 (재산관리) 본 협회의 기본재산을 양도, 증여 또는 용도변경 하거나 담보에 제공 하고자 할 때 또는 의무의 부담이나 권리를 포기하고자 할 때에는 이사회 또는 총회의 승인을 얻어야 한다.

제44조 (예산 및 결산의 승인) ① 본 협회의 사업계획과 예산안은 회장이 매 회계연도 마다 편성하여 이사회 및 대의원총회의 의결을 거쳐 승인을 받아야 한다.
② 본 협회의 사업보고 및 결산은 회계연도 종료 후 1개월 이내에 회장이 작성하여 재산 증감 사유서와 감사의 의견서를 첨부 보고하여야 한다.
③ 본 협회가 예산외의 재무 부담을 하고자 할 때에나 불가피한 사정으로 사업계획을 변경하고자 할 때에는 이사회 또는 대의원총회의 의결을 거쳐 승인 받아야 한다.

제45조 (회계연도) 본 협회의 회계연도는 정부의 회계연도에 따른다.

제46조 (기금 및 적립금) ① 본 협회의 이사회 의결을 거쳐 특별한 목적을 위한 기금을 조성하거나 적립금을 둘 수 있다.
② 전항의 기금 및 적립금은 특별회계로 한다.

부 칙

제1조 (시행일) 본 규정은 대한태극민턴협회 이사회의 승인을 받은 날로부터 시행한다.
제정일 2018년 10월 10일

대한 태극민턴협회 가입신청서

가입지역	☐서울 ☐부산 ☐인천 ☐대구 ☐광주 ☐대전 ☐강원 ☐경기 ☐충남북 ☐경남북 ☐전남북 ☐제주			
접수구분	☐ 정회원 ☐ 준회원		접수일자	20 . .
회원구분	☐ 신규 ☐ 기존		접수번호	
성 명	한 글		영 문	
생년월일			일반전화	( ) -
구 분	☐ 미혼 ☐ 기혼		휴 대 폰	( ) -
주 소				
이 메 일			생 일	. . (양, 음)
자격 보유 사항	자 격 종 류		시 행 처	

작성 규정

- 신규 가입시 ☐ 안은 필수 정보입니다.

- 회비는 환불하지 않습니다. 단 다른 분에게 양도가 가능합니다.
- 회원은 협회의 규정과 내규에 준수해야 합니다.

본 신청인은 회원가입을 신청합니다.

20 년 월 일

신청인 : (인)

태극민턴 심판 자격관리·운영 규정

제 1 장 총 칙

제 1조(목적) 이 규정은 HE미래인재교육원에서 시행하는 태극민턴심판 자격검정의 관리 감독 · 운영에 필요한 사항을 규정함에 있어 공정한 심사 ·자격기준 정함을 목적으로 한다.

제 2 조(정의) 이 규정에서 사용하는 '태극민턴심판' 는 양손라켓민턴운동으로 본 HE미래인재교육원에서 주관 · 시행하는 양손라켓민턴운동 '태극민턴심판' 자격시험에 합격한 자를 말하며, 태극민턴에 대한 전문적인 지식을 갖추고 경기 지도 및 교육프로그램을 활용 및 운영할 수 있는 전문가를 의미한다.

제 2 장 관리 조직

제 3 조(검정인력검정조직의 업무분담) 본 HE미래인재교육원은 검정관리팀장을 두어 검정관리 전반을 담당하도록 하며, 팀장이하 검정기획담당, 출제/라켓점담당, 검정관리담당을 두어 자격검정을 운영한다.

제4조(검정인력) 본 HE미래인재교육원은 검정관리팀장을 두어 검정관리전반을 담당하도록 하며, 팀장이하 검정기획담당, 인쇄담당, 라켓점담당, 검정관리담당을 두어 검정을 운영한다.

제5조(검정조직의 업무분담) 검정관리팀은 다음과 같이 업무를 분담하여 수행한다.
 ① 검정기획담당자는 다음 각 호의 업무를 수행한다.
 1. 검정 시행계획의 수립 및 공고 등에 관한 사항
 2. 원서접수 · 시험장소 및 시험감독 등에 관한 사항
 3. 민간자격취득자 관리 및 자격증 교부 • 관리에 관한 사항
 4. 검정업무 지도 · 감독에 관한 사항

　5. 검정업무 제도개선에 관한 사항

　6. 민간자격검정사업의 회계처리에 관한 사항

　7. 그 밖에 민간자격 검정의 관리・운영에 관한 사항

② 출제・라켓점 담당자는 다음 각 호의 업무를 수행한다.

　1. 검정 출제기준의 작성 및 변경에 관한 사항

　2. 검정의 필기・실기 시험문제의 출제, 관리 및 인쇄에 관한 사항

　3. 라켓점 및 합격발표에 관한 사항

③ 검정관리 담당자는 다음 각 호의 업무를 수행한다.

　1. 원서접수・시험장소 및 시험감독 등에 관한 사항

　2. 자격취득자 관리 및 자격증 교부・관리에 관한 사항

　3. 검정의 집행(수험원서 접수, 감독위원등의 배치, 시험장 설치, 검정 시행 등)에 관한 사항

　4. 자격취득자 사후관리에 관한 사항

제 3 장　자격의 검정

제6조(검정기준) ① 태극민턴심판은 태극민턴에 대한 이론과 실기를 겸비하고 지도자의 소양과 자질을 갖추고 있어야 하며, 태극민턴 교육프로그램을 활용 및 운영할 수 있는 능력 유무를 기준으로 하여 등급별 검정기준을 정한다.

③ 태극민턴심판의 등급별 검정기준은 다음과 같다.

등　급		검　정　기　준
태 극 민 턴 심 판	상임	전문가 수준의 태극민턴 운동경기 이론 및 실기의 능력을 갖추고 심판으로서 인격적인 양심과 객관적 판단력을 갖춘 최고 수준.
	일반	일반적인 수준의 태극민턴 이론 및 실기의 능력을 갖추고 경기운영에 대한 수신호 숙지 여부와 객관적 판단력을 갖춘 수준.

제7조(검정방법 및 검정과목) 태극민턴심판 및 심판 자격증의 검정과목과 과목별 주요내용은 다음과 같다.

– 검정방법 및 검정과목 / 실기   *필기 100점 만점, 실기 수준평가 A~D 등급

등 급		검정방법		검정 과목	합격 기준	시험시간 (필기,실기)
태극민턴심판	상임	필기	주관식	· 태극민턴 경기운영에 대한 숙련성 · 태극민턴 경기운영 중 문제해결방법	필기 80점 이상	(각 30분 총 60분)
		실기	시연 및 발표	· 태극민턴 경기운영 능력 평가 · 일반심판 교육에 대한 강의 교수법	실기 B등급 이상	
	일반	필기	주관식	· 태극민턴 경기운영에 대한 심판의 역할 · 심판의 판정기준과 반칙기준 판단	필기 70점 이상	(각 30분 총 60분)
		실기	시연 및 발표	· 태극민턴 주심, 부심의 역할 실기 · 태극민턴 경기 규칙과 경기운영 요령 평가	실기 B등급 이상	

제8조(응시자격)

1. 만 18세 이상인자

2. 성별, 연령, 학력 제한 없음

등 급		응시자격
태극민턴 심판	상임	태극민턴 상임심판은 일반심판 취득 후 1년이 경과된 자로 이론교육 3시간과 실기교육 5시간 이상 교육이수
	일반	태극민턴 일반심판은 태극민턴지도자로 3개월 이상 활동 후 이론교육 2시간 이상과 실기교육 5시간 이상 교육이수

제9조(시험위원) 태극민턴심판 자격검정시험 위원은 출제위원과 감독위원으로 구성되며, 각 위원의 역할과 준수사항은 다음 각 항과 같다.

1. 출제위원은 HE미래인재교육원으로 부터 출제위원으로 임명받은 당 해 연도 태극민턴심판 자격검정시험 문제를 출제한다.

2. 출제위원은 출제한 문제와 정보에 대해 출제. 라켓점 담당자 외에 누구에게도 유출하여서는 아니 되며, 유출 시 모든 법적책임을 진다.

3. 시험감독위원은 태극민턴심판 자격검정시험을 감독하며, 응시자 유의사항을 준수하지 않는 응시자에 대해 적법한 제제를 가한다.

제10조(유효기간) 태극민턴심판 자격은 유효기간 없이 취득 시 부터 평생으로 한다.

(부 칙)

제 1조 본 규정의 시행일은 주무관청의 허가를 받아 면허등록을 한 날부터 시행한다.

제 2조 분실, 훼손, 기재 사항의 변동 등으로 자격증을 재발급할 때에는 별도의 재발급 수수료를 받아 진행한다.

태극민턴 지도자 자격관리 · 운영 규정

제 1 장 총 칙

제 1조(목적) 이 규정은 HE미래인재교육원에서 시행하는 태극민턴지도자 자격검정의 관리 감독·운영에 필요한 사항을 규정함에 있어 공정한 심사·자격기준 정함을 목적으로 한다.

제 2 조(정의) 이 규정에서 사용하는 '태극민턴지도자' 는 양손라켓민턴운동으로 본 HE미래인재교육원에서 주관·시행하는 양손라켓민턴운동 '태극민턴지도자' 자격시험에 합격한 자를 말하며, 태극민턴에 대한 전문적인 지식을 갖추고 경기 지도 및 교육프로그램을 활용 및 운영할 수 있는 전문가를 의미한다.

제 2 장 관리 조직

제 3 조(검정인력검정조직의 업무분담) 본 HE미래인재교육원은 검정관리팀장을 두어 검정관리 전반을 담당하도록 하며, 팀장이하 검정기획담당, 출제/라켓점담당, 검정관리담당을 두어 자격검정을 운영한다.

제 4 조(검정인력) 본 HE미래인재교육원은 검정관리팀장을 두어 검정관리전반을 담당하도록 하며, 팀장이하 검정기획담당, 인쇄담당, 라켓점담당, 검정관리담당을 두어 검정을 운영한다.

제 5 조(검정조직의 업무분담) 검정관리팀은 다음과 같이 업무를 분담하여 수행한다.
  ① 검정기획담당자는 다음 각 호의 업무를 수행한다.
  1. 검정 시행계획의 수립 및 공고 등에 관한 사항
  2. 원서접수시험장소 및 시험감독 등에 관한 사항
  3. 민간자격취득자 관리 및 자격증 교부•관리에 관한 사항
  4. 검정업무 지도·감독에 관한 사항

    5. 검정업무 제도개선에 관한 사항

    6. 민간자격검정사업의 회계처리에 관한 사항

    7. 그 밖에 민간자격 검정의 관리•운영에 관한 사항

② 출제·라켓점 담당자는 다음 각 호의 업무를 수행한다.

  1. 검정 출제기준의 작성 및 변경에 관한 사항

  2. 검정의 필기·실기 시험문제의 출제, 관리 및 인쇄에 관한 사항

  3. 라켓점 및 합격발표에 관한 사항

③ 검정관리 담당자는 다음 각 호의 업무를 수행한다.

  1. 원서접수시험장소 및 시험감독 등에 관한 사항

  2. 자격취득자 관리 및 자격증 교부·관리에 관한 사항

  3. 검정의 집행(수험원서 접수, 감독위원등의 배치, 시험장 설치, 검정 시행 등)에 관한 사항

  4. 자격취득자 사후관리에 관한 사항

제 3 장 자격의 검정

제 6조(검정기준) ① 태극민턴지도자는 태극민턴에 대한 이론과 실기를 겸비하고 지도자의 소양과 자질을 갖추고 있어야 하며, 태극민턴 교육프로그램을 활용 및 운영할 수 있는 능력 유무를 기준으로 하여 등급별 검정기준을 정한다.

③ 태극민턴지도자의 등급별 검정기준은 다음과 같다.

등 급		검 정 기 준
태극민턴지도자	전문	전문가 수준의 태극민턴 기술과 실력을 겸비하고, 태극민턴 전문선수양성 및 교육프로그램을 활용. 일반지도자를 교육할 수 있는 수준.
	일반	태극민턴에 대한 전반적인 이론과 경기규정을 숙지하고, 일반인을 대상으로 태극민턴을 지도할 수 있는 수준.

제7조(검정방법 및 검정과목) 태극민턴지도자 및 심판 자격증의 검정과목과 과목별 주요내용은 다음과 같다.

– 검정방법 및 검정과목 / 실기　*필기 100점 만점, 실기 수준평가 A~D등급

등 급		검정방법		검정 과목	합격 기준	시험시간 (필기, 실기)
태극민턴지도자	전문	필기	주관식	· 태극민턴의 경기기술의 응용 · 태극민턴의 교육방법론 활용	필기 80점 이상	(각 30분 총 60분)
		실기	시연	· 태극민턴 교수법 · 교육 프로그램 활용한 지도법	실기 B등급 이상	
	일반	필기	주관식	· 태극민턴 경기 기술 및 용어 · 라켓스윙 방법과 스텝의 종류	필기 60점 이상	(각 30분 총 60분)
		실기	시연	· 경기진행 테스트 · 지도방법 테스트	실기 B등급 이상	

제8조(응시자격)

1. 만 18세 이상인자
2. 성별, 연령, 학력 제한 없음

등 급		응시자격
태극민턴지도자	전문	태극민턴지도자 일반지도자를 취득 후 2년이 경과한 자로 이론교육 3시간과 실기교육 5시간 이상 교육이수
	일반	태극민턴지도자는 이론교육 2시간 이상과 실기교육 4시간 이상 교육이수

제9조(시험위원) 태극민턴지도자 자격검정시험 위원은 출제위원과 감독위원으로 구성되며, 각 위원의 역할과 준수사항은 다음 각 항과 같다.

1. 출제위원은 HE미래인재교육원으로 부터 출제위원으로 임명받은 당 해

연도 태극민턴지도자 자격검정시험 문제를 출제한다.

2. 출제위원은 출제한 문제와 정보에 대해 출제. 라켓점 담당자 외에 누구에게도 유출하여서는 아니 되며, 유출 시 모든 법적책임을 진다.

3. 시험감독위원은 태극민턴지도자 자격검정시험을 감독하며, 응시자 유의 사항을 준수하지 않는 응시자에 대해 적법한 제제를 가한다.

제 10조(유효기간) 태극민턴지도자 자격은 유효기간 없이 취득 시 부터 평생으로 한다.

(부 칙)

제 1조 본 규정의 시행일은 주무관청의 허가를 받아 면허등록을 한 날부터 시행한다.

제 2조 분실, 훼손, 기재 사항의 변동 등으로 자격증을 재발급할 때에는 별도의 재발급 수수료를 받아 진행한다.

대한 태극민턴협회 심판/지도자 자격과정 신청서

접수번호	※			자격종목	태극민턴심판	
성명	한글			자격등급	심판/지도자	
	영문			생년월일		
집 주소						
집 전화				자격시험지역		
휴대폰				E-메일 주소		

본인은 자격기본법 시행령 제 15조 규정에 의하여 위와 같이 신청합니다.

성명 :　　　　(서명 또는 인)

2018년　월　일

대한태극민턴협회
KOREA TAE-GEUK MINTON ASSOCIATION

추 천 서

평소 한의원을 찾는 많은 환자들이 배드민턴이나 테니스 등을 하다가 근육과 인대, 연골의 파열이나 염증과 같은 스포츠 손상으로 내원하는 경우가 많다.

얼마 전 박기범 회장님을 통해 남녀노소 누구나 건강하고 안전하게 배우고 즐길 수 있는 양손형 배드민턴으로 새롭게 만들어진 태극민턴을 접하게 되었다.

우리 고유의 태극(太極), 음양오행(陰陽五行)의 원리를 바탕으로 만들어진 태극민턴은 양손을 사용하기 때문에 좌·우 뇌를 골고루 발달시킬 수 있다는 점뿐만 아니라 양 어깨와 팔꿈치, 손목의 관절을 골고루 활용하므로 신체의 좌·우 균형을 유지하고, 관절과 근육의 부상을 최소화시킬 수 있는 장점을 가지고 있다.

우리 몸은 소우주(小宇宙)로서, 태극과 음양오행의 원리에 따라 정기신(精氣神)이 생성되고 순환하고 있는데 이러한 순환의 원리에 바탕을 둔 대표적인 스포츠가 바로 우리나라의 태권도다.

대한민국의 태권도가 세계적인 스포츠로 성장하고 발전했듯이 태극민턴도 양손형 배드민턴라켓 스포츠로서 앞으로 인류의 건강과 행복에 크게 기여하게 될 것으로 기대해 본다.

허 민 (한의학 박사)

추 천 서

　태극민턴은 서양의 배드민턴의 장점과 단점을 분석하여 장점은 살리고, 단점을 보완하였으며, 태극의 운동 원리와 태권도의 응용동작을 통해 균형적인 신체활동 요소와 운동 효과를 높이기 위해 현대적으로 변형하여 만들진 운동이다.

　개발자인 박기범 박사에 의하여 만들어진 태극민턴은 새로운 스포츠과학시대에 걸 맞는 운동으로 기존의 한 손 라켓운동의 단점을 보완하고 신체의 균형발달을 도모하며 다양한 경기방식으로 즐거움을 만끽할 수 있는 신개념 뉴스포츠라고 할 수 있다.

　태극민턴은 다른 뉴스포츠에 비하여 안전성이 높아 안전사고가 일어나기 어려우며, 남녀노소 다수가 동시에 참여가 가능하다. 또한 뉴스포츠는 대부분 외국에서 도입되었지만 태극민턴은 태극원리와 태권도의 응용동작, 배드민턴을 기본으로 새롭게 만들었기 때문에 한국의 전통체육으로서도 가치가 있다.

　외국의 라켓스포츠로 잠식되어 있는 한국스포츠 시장에 국내 순수 라켓스포츠인 태극민턴이 새로운 역량을 만들어 낸다면 외화낭비를 줄이고 국가적 차원의 국민건강증진과 신규 창조경제의 역할을 할 것이며, 한류의 또 다른 역할을 할 것으로 기대해 본다.

전 도 근　(교육학 박사)

태극민턴의 이론과 실제

초판1쇄 - 2018년 11월 15일

*

지은이 - 박 기 범

발행인 - 이 규 종

펴낸 곳-예감출판사

등록-제2015-000130호

주소-경기도 고양시 일산동구 공릉천로 175번길 93-86

전화-031)962-8008

팩시밀리-031)962-8889

홈페이지-www.elman.kr

전자우편-elman1985@hanmail.net

*

*

ISBN 979-11-89083-38-0(13690)

값 12,000 원

저자 : 박 기범

저자는 용인대학교 태권도학과와 부산외국어대학교 영어과를 나와 용인대학교 일반대학원 석사와 경기대학교 일반대학원 박사를 졸업하였다.

현재는 한양대학교 사회교육원에서 스포츠산업에 대한 강의와 함께 현장에서의 태극민턴 강사들을 지도·배출하고 초등학교에서부터 노인대학에 이르기까지 다양한 학교현장에서 스포츠관련 교육을 해오고 있다.

40여년이라는 세월동안 무도를 연마하고 스포츠를 지도해 오면서 평소에 뉴스포츠와 한국 전통놀이에 관심을 가져오다가 동·서양의 장점을 모은 스포츠융복합을 통해 태극민턴이라는 양손형 배드민턴을 개발하게 되었다.

저자는 대한태극민턴협회(KTA)와 세계태극민턴연맹(WTA)을 조직화하고 체계를 구축해 나가면서 한국전통체육연합회를 결성하였다.

태권도 이후 제2의 스포츠 대한민국의 위상을 전 세계에 떨치고 국내·외의 스포츠로 인한 경제적 파급효과를 높이기 위해 오늘도 태극민턴과 한국전통 스포츠에 대한 많은 연구를 거듭해 오고 있다.